W0095198

WELTKIOSK
LONDON BERLIN

JOSEPH DE WECK

EMMANUEL MACRON

Der revolutionäre Präsident

WELTKIOSK
LONDON BERLIN

www.weltkiosk.com

© **WELTKIOSK**
Pappelallee 78–79, 10437 Berlin, Germany

2. Auflage, 2021
Alle Rechte vorbehalten.

Art Direction: Paul Finn, Fitzroy & Finn
www.fritzroyandfinn.co.uk

Umschlaggestaltung: BASICS09
unter Verwendung eines Fotos von Gonzalo Fuentes © *Reuters*

Satz: Thorsten Kirchhoff

Druck und Bindung: Buch Theiss GmbH

ISBN 978-3-942377-21-8

Für Verena

Am Abend des 14. Juli ereignete sich das Feuerwerk. … Bunte, knallende Raketen gebar der Horizont. Auf den Schultern der Väter jubelten die Kinder. Diese Kinder, die niemals aufhören werden, Republikaner zu sein, auch, wenn sie einmal Opfer der Politik werden müssten. Denn sie haben in einem Alter, in dem ein Feuerwerk erhaben erscheint, den fernen, aber verwandten Glanz einer Flamme gesehen, die: Revolution heißt!

— JOSEPH ROTH

INHALTSVERZEICHNIS

VORWORT

«Die Franzosen wollen mit Träumen regiert werden», sagte Napoleon Bonaparte einmal über seine Landsleute. Und es stimmt, Frankreich ist eine Nation, die an Träume glaubt. *Liberté, Égalité, Fraternité*, das ist das idealistische Versprechen, das Vermächtnis der Französischen Revolution von 1789 und der Aufklärung. Die drei Wörter stehen über der Eingangstür jeder Schule im Land. Aufgabe der Politik ist es, das einzulösen, diesem republikanischen Dreiklang gerecht zu werden — und zwar auch, um der Welt als Vorbild zu dienen. Ein hoher Anspruch, zumal wenn Freiheit, Gleichheit und Brüderlichkeit immerzu im Widerstreit stehen.

Die träumerische ist zugleich eine frustrierte Nation. Unablässig folgen Politik-Skandale auf Sex-Affären, Streiks auf Terroranschläge. Immer wieder flammen gewalttätige Protestbewegungen auf. Ein sehr freigiebiger und zugleich sehr repressiver Staatsapparat wahrt den sozialen Waffenstillstand — er verwaltet die politische und wirtschaftliche Stagnation. Lange vor der Coronavirus-Pandemie trat das Land in einen permanenten Ausnahmezustand, mental und real.

In der Psychologie gelten Idealisten mit hohem Anspruch an sich selbst als anfällig für Lebenskrisen. Öffnet sich eine Kluft zwischen Realität und Erwartungen, bauen sich innere Spannungen auf. Dann schwindet das Selbstvertrauen, es weicht der Niedergeschlagenheit. Zwischen Traum und Trauma: Aus diesem Stoff macht man gute Romane. Ungleich schwieriger, daraus gute Politikgeschichte zu schreiben. Michel Houellebecq, der erfolgreichste, aber auch der pessimistischste französische Schriftsteller, befindet nüchtern: «Frankreich hat ein Talent zur Depression.» Um nicht ohne Ironie anzufügen: «Ich ähnele Frankreich.»[1]

Frankreich wirkt stets gefährdet, am Rand der (Selbst-)Überforderung. Das weckt Ängste, durchaus auch in Deutschland. Berlin sorgt sich, dass der wichtigste europäische Partner irgendwann abhandenkommen könnte. Was, wenn jenseits des Rheins die Frustration überhandnimmt: wenn die Mehrheit der Französinnen und Franzosen aus Politikverdrossenheit bis hin zur Verzweiflung die Rechtspopulistin Marine Le Pen in den Élysée-Palast wählt? Das Houellebecq'sche Traumszenario eines Austritts Frankreichs aus der Europäischen Union ist vielleicht mehr als eine Romanfantasie.

Doch Frankreich ähnelt nicht einzig Houellebecq. Es erkennt sich auch in einem anderen, ebenso leidenschaftlichen Kritiker der Verhältnisse: Emmanuel Macron.

Im Präsidentschaftswahlkampf 2017 rief Macron die Franzosen auf, ihre Träume nicht preiszugeben. «Denen, die an nichts mehr glauben — den Zynikern, Defätisten und Niedergangs-Propheten ringsum —, sagen wir: Das Beste liegt vor uns!» Es ist einer der Schlüsselsätze zum Verständnis des Rätsels Macron, vorgetragen in einem Lyoner Sportstadium.[2]

Er hatte — und hat noch heute — einen glaubwürdigen Plan: Frankreichs Wirtschaft dem Wettbewerb zu öffnen und im Gegenzug Europa nach außen zu stärken, auf dass die EU mit aller Macht die Unternehmen, die Menschen und die europäische Identität schütze. Aus dem «Markteuropa» soll ein «Machteuropa» werden. Denn ein bloßer Markt kann weder die Wohlfahrt der Europäerinnen und Europäer noch ihr Vertrauen in die Demokratie sichern.

Aus dem Stand heraus und geradewegs durch die neue Mitte überflügelte Monsieur «Weder-links-noch-rechts» die Bewerber aller etablierten Parteien. Sein Appell an den Mut zur Hoffnung, der in den Franzosen schlummert genau wie die Lust am Pessimismus, brachte ihn in Frankreich an die Macht und in Europa ins Scheinwerferlicht. Am Tag seines Amtsantritts als der achte Präsident der Fünften Republik sagte er: «Frankreich hat entschieden, der Aufklärung nicht den Rücken zu kehren, sondern sich der Zukunft zuzuwenden.»

Was ist wirklich neu an der politischen Philosophie des Mannes, der eine Politik jenseits aller Lager predigt und die heutige Debatte als eine Auseinandersetzung zwischen reaktionären Nationalisten und progressiven Europäern zu ordnen versucht? Wie erklärt sich, dass Macron die Republik durch den globalen Kapitalismus, den islamistischen Terror und die neue Identitätspolitik amerikanischer Prägung zugleich gefährdet sieht? Welche Politik verfolgt Macron, seit er im Machtzentrum angekommen ist? Hat er Frankreich revolutioniert und Europa neu gegründet, wie er es als Kandidat gelobte? Und die Präsidentschaftswahl im April 2022 wirft die Kernfrage auf: Träumen die Franzosen Macrons Traum?

1

WER IST EMMANUEL MACRON?

Man verbringt sein Leben damit,
Beweggründe zu romantisieren und
Sachverhalte zu vereinfachen.
— BORIS VIAN

Frankreichs Karikaturisten tun sich schwer mit Emmanuel Macron. Jacques Chirac war der hünenhafte Bonvivant. Nicolas Sarkozy der ordinäre Kleine, der sich aufplustern muss. François Hollande der lüsterne, schwabbelige Angsthase. Doch was genau soll man an Macron überzeichnen?

Er ist weder groß noch klein. Der Nordfranzose misst einen Zentimeter weniger als der Durchschnitt, nämlich 1,73 Meter. Schmächtig, aber nicht zu übersehen. Eine gewisse Eleganz, wiewohl mit Zahnlücke. Ein Mann, mehr Kopf als Körper. Mit der schmalen Krawatte und dem noch enger geschnittenen Anzug gleicht er auf frappierende Weise Boris Vian, dem Chansonnier und Kultautor der 1950er Jahre. «Was kümmert es mich, ob ich hässlich oder hübsch bin. Es kommt einzig darauf an, den Leuten zu gefallen, die mich interessieren», schrieb Vian.

Frankreichs Kommentariat ist sich bis heute im Unklaren, wen sich die Franzosen 2017 da eigentlich angelacht haben. Der linken Philosophin Myriam Revault d'Allonnes erscheint Macron als «ungreifbar».[3] «Er ist ein seltsamer Mensch. Nicht fassbar. Er lässt sich nicht dechiffrieren», konstatiert Michel Houellebecq.[4] Macron sagt selbst immer wieder: «Die Franzosen wissen nicht, wer ich bin.»[5]

Die Linke beschimpft ihn als «Präsident der Reichen» und «neoliberalen Abbauer des Sozialstaats». In der Tat: Reiche, die ihr Vermögen in Aktien und Finanzmarktanleihen halten, profitieren übermäßig von Macrons Steuersenkungspolitik. Er ist stolz darauf, *«pro business»* zu sein, und schwächt, ohne zu zögern, den Arbeitnehmerschutz. Und wo sein Vorgänger François Hollande die Spitzenverdiener mit 75 Prozent besteuern wollte, erwiderte Macron, das mache Frankreich «zu einem Kuba ohne Sonne».

Aber: Als Präsident hat er den Netto-Mindestlohn und die Mindestrente stärker angehoben als seine beiden Vorgänger zusammengenommen. Ein neues Gesetz, das die Nationalversammlung auf seine Initiative hin verabschiedet, erlaubt der Steuerfahndung, Daten sozialer Netzwerke wie Instagram zu verwenden, um Steuerhinterziehern auf die Schliche zu kommen — wenn sie beispielsweise behaupten, nicht in Frankreich zu leben oder arm zu sein. Macron verdoppelt die Vaterschaftsurlaubstage und halbiert die Größe von Schulklassen in sozialen Brennpunkten (auf maximal zwölf Schüler). Er stellt dazu Tausende neue Lehrkräfte ein und hebt ihre Löhne um 3 000 Euro jährlich an. Er sagt der «Menstruations-Armut» den Kampf an und lässt in Frauengefängnissen und bei lokalen Tafeln für Bedürftige Automaten mit kostenfreien Hygieneartikeln aufstellen.

Den Karikaturisten ist es misslungen, Macron als Geldmenschen zu entlarven; irgendwie fehlt ihnen eine griffige Chiffre. Macron trägt weder eine Ray-Ban-Sonnenbrille auf der Nase noch eine Rolex ums Handgelenk wie Sarkozy, ebenso wenig lässt er sich auf die Yacht französischer Industriekapitäne einladen, zu denen er allemal Abstand hält. Die *«old economy»* interessiert ihn nicht sonderlich. Lieber mischt er sich unter französische Start-up-Gründer. In seinen vier Jahren bei der Investmentbank Rothschild & Co. hat er zwar insgesamt 2,9 Millionen Euro verdient. Aber laut der staatlichen Stelle, die die Konten der Präsidentschaftskandidaten durchleuchtet, verfügte Macron 2017 über eins der kleinsten Vermögen aller Bewerber: nur ein Drittel des Kapitals von Linksaußen Jean-Luc Mélenchon.

Und er fährt einen Volkswagen Baujahr 2005. Geldgetrieben sieht anders aus (umweltbewusst möglicherweise auch).

Macrons Wirtschaftspolitik ist orthodox, sie könnte als Checkliste der Politikempfehlungen des Internationalen Währungsfonds durchgehen. Die Reden des Staatspräsidenten sind viel zu lang; er liebt es, vor Publikum die Einzelheiten seiner Reformpläne durchzudeklinieren. Dennoch entspricht er nicht dem Klischee des kühlen, der Realität entrückten Technokraten wie der einstige Präsident Valéry Giscard d'Estaing, der Ende 2020 verstorben ist.

Macron ist immer auch der geschichtsbewusste Philosophenpräsident; er will weniger ein Manager als vielmehr ein in langen Zeiträumen denkender Staatsmann sein. Indessen sucht er mehr als seine Vorgänger den Kontakt zur Bevölkerung. Auf dem Höhepunkt der «Gelbwesten»-Proteste im Winter 2018–19, die das ganze Land lahmlegten, lancierte Macron den *Grand Débat National*: Binnen 80 Tagen fanden 10 134 Gesprächsrunden statt; die Franzosen waren eingeladen, ihre Anliegen und Sorgen zu äußern. Macron ging auf Frankreich-Tournee und reihte 16 Aussprachen von insgesamt 93 Stunden aneinander. Er hörte zu, gab recht, widersprach und erläuterte, was das Zeug hält. In diesen «Großen Debatten» war manchmal geradezu körperlich zu spüren, wie sich im Publikum die Frustration und Spannung in Luft auflösten. Trotz des anbrechenden und in Frankreich stets rebellischen Frühlings verebbten die Proteste.

Macron trägt Europas hartherzige Migrationspolitik mit. Er lässt keine Gelegenheit aus klarzustellen, dass er die «illegale Zuwanderung» bekämpfen und den Schleppern das Handwerk legen will. Er zieht die Stellschrauben des eher liberalen französischen Ausländerrechts an, vor allem pocht er auf eine unbarmherzige Umsetzung. Den Kampf gegen den Islamismus zeichnet er als eine zivilisatorische Auseinandersetzung zwischen dem Europa der Aufklärung und dem

Obskurantismus. Zur Debatte um Denkmale und sonstige Darstellungen historischer Figuren, die im Sklavenhandel involviert waren, erklärt Macron «klipp und klar», die Republik werde keine Statuen vom Sockel stoßen.[6] Der erste Rechtsakt, den die neue Macron-Mehrheit 2017 im Parlament verabschiedete, ist ein Terrorismus-Gesetz, das viele einschränkende Bestimmungen aus dem temporären Notstandsgesetz in die permanente Rechtsordnung übernahm.

Trotzdem taugt Macron nicht als der typisch wertkonservative, geschweige denn «abendländische» Politiker. Er mimt weder den wohltemperierten Aristokraten, wie das Giscard d'Estaing tat, noch den rustikalen, authentischen *homme du terroir*, die Rolle, mit der Chirac seine Provinzliebe herauskehrte. Er hat keine Kinder. Gottesdiensten bleibt er grundsätzlich fern, und dies nicht nur, weil er Präsident einer laizistischen Republik sei, so Macron. An den öffentlichen Schulen baut Macron den Arabischunterricht aus. Er anerkennt, dass man als weißer Mann privilegiert ist,[7] und lädt eine Truppe schwarzer Transsexueller für eine Performance in den Élysée-Palast. Neben der in Netz-Shirts gekleideten Tanztruppe lässt er sich knabenhaft grinsend ablichten.

Mit Emmanuel Macron sitzt zum ersten Mal seit François Mitterrand ein Intellektueller im Élysée. Keine grundsätzliche politische Entscheidung, ohne dass er sie argumentativ in seinem philosophischen Koordinatensystem unterzubringen versucht, und sei es auf Kosten der Kohärenz. Keine Rede ohne Schriftstellerzitat, ohne Verweise auf die antike Mythologie, die auch dem Bildungsbürger erst nach Wikipedia-Konsultation präsent sind. In einer Fernsehansprache zu Beginn der Pandemie forderte er die Französinnen und Franzosen auf, die freie Zeit mit Lesen zu verbringen.

Gleichzeitig hält Macron Distanz zum *Tout Paris*, denn diese Großstadt-Schickeria erscheint ihm linkskonformistisch und zynisch. Mitterrand charmierte die Presse und die Intellektuellen, die ihn verehrten. Macron zeigt den französischen Leitmedien und der Pariser Intelligenzija die kalte Schulter. Selten gibt er Interviews und wenn, dann mit Vorliebe internationalen, regionalen und sozialen Medien, was ihm den Vorwurf einträgt, er entziehe sich Frankreichs «vierter» Gewalt.

Ein *Monsieur normal*, wie Hollande sich zu vermarkten suchte, ist Macron schon gar nicht. Der Wahlmonarch umgibt sich zwar mit Insignien der Populärkultur, aber rasch wirkt es peinlich, so wenn er sich das T-Shirt seines Lieblingsfußballklubs Olympique Marseille überzieht. Nach dem Tod der allseits geliebten, aber nicht gerade subtilen Rocklegende Johnny Hallyday sagte Macron: «Wir haben alle ein Stück Johnny in uns» (der bekennende Hallyday-Fan ließ in seiner Loge vor Wahlkampfmeetings das Lied *Gabrielle* laufen, in dem der Sänger sich von den Ketten einer ungesunden Liebesbeziehung freischreit). Doch in bewusster Abgrenzung zu Hollande erklärte Macron bei seinem Amtsantritt, er werde ein «jupiterhafter Präsident» sein.[8] Er möchte über dem politischen Klein-Klein schweben als Jupiter, der römische Gott der Götter. Das «normale Leben» liebt er sowieso nicht, wie er unumwunden zugibt.

Und im Gegensatz zu seinen Vorgängern ist Macron kein Frauenheld. Er flirtet zwar mit jeder und jedem, die ihm über den Weg laufen. Ein Händedruck hier, ein Augenzwinkern da. Macron ist physisch, im permanenten Charmeur-Modus. Der Schriftsteller Emmanuel Carrère berichtete nach einer gemeinsamen Reise, Macron sei im direkten Kontakt so gewinnend, dass er gar einen Stuhl verführen könnte.[9]

Aber der Mann, der davon besessen scheint, alle mit seiner Intelligenz und seinem Charme einzunehmen, macht keine abendlichen Spritztouren mit dem Motorroller zur Geliebten wie Hollande. Er heiratet nicht drei Mal wie Sarkozy. Er hat keine geheime Zweitfrau und Zweitfamilie wie ehedem Mitterrand. Macron hat eine 24 Jahre ältere Frau geheiratet, die bereits dreifache Mutter war. Und dann doch wieder ganz konventionell Macrons Nachnamen annahm.

Kurz: Emmanuel Macron entspricht keinem der Bilder eines Präsidenten der Fünften Republik, das die Franzosen kennen. Schwierig festzumachen — und genau deshalb unverkennbar? Oder muss man das Rad der Geschichte weiter zurückdrehen? Napoleon kam aus dem Nichts und war nur 30 Jahre alt, als er zum Ersten Konsul avancierte, politisch schwer einzuordnen, autoritär und ein Meister der Macht-Inszenierung. So wie Macron?

DIE ROMANFIGUR

Die Stationen seines Lebens sind bekannt. Sie unterscheiden sich zunächst nicht grundsätzlich von denen eines jeden ehrgeizigen Politikers in Frankreich.

Die Kindheit verbringt Emmanuel Macron in der deindustrialisierten Provinzstadt Amiens im Norden des Landes: ein bildungsbürgerliches Elternhaus; das Studium an Eliteuniversitäten, gefolgt von einer Beamtenblitzkarriere. Dann der Eroberungsfeldzug: die stetige Annäherung ans Zentrum der politischen Macht. Zuerst als Mappenträger und Ideengeber wichtiger Regierungsberater. Dann der Abstecher in die Privatwirtschaft zwecks Füllens der Schatulle, um sich später die Durststrecken im Leben eines Politikers leisten zu können. Schließlich vor einer Präsidentschaftswahl — die das politische Leben Frankreichs für jeweils fünf Jahre bestimmt — die obligate Wette: Emmanuel Macron unterstützt die Bewerbung François Hollandes als Spitzenkandidat der Parti Socialiste (PS). Dies noch ehe der eigentlich für eine gemeinsame Kandidatur der linken Kräfte gesetzte Dominique Strauss-Kahn sich im Mai 2011 zurückziehen muss (der damalige Direktor des Internationalen Währungsfonds wird in New York aufgrund von Vergewaltigungsvorwürfen verhaftet).

Macron bleibt das Glück hold: 2012 setzt sich Hollande, der anstelle von Strauss-Kahn antritt, knapp gegen Amtsinhaber Nicolas Sarkozy durch. Der Mittdreißiger Macron wird Hollandes stellvertretender Generalsekretär und Berater für Wirtschaftsfragen. Als Hollande 2014 zum vierten Mal die Regierung umbildet, folgt die Ernennung zum Wirtschaftsminister: Macron tritt ins Rampenlicht und inszeniert sich als liberaler Querdenker und unerschrockener Minister der Tat.

Durch kalkulierte Tabubrüche (wenn er beispielsweise Frankreichs Jugendliche dazu aufruft, sie sollten davon träumen, Milliardäre zu werden) bringt er sich selbst in die Schlagzeilen, die linke Regierungspartei in Rage und den Staatspräsidenten in Verlegenheit. Im August 2016 begeht er schließlich den Verrat an seinem Förderer Hollande. Macron verlässt die Regierung und kündigt im November an, bei den Präsidentschaftswahlen 2017 antreten zu wollen.

Und doch ist Macron eine singuläre Gestalt auf der französischen Bühne. Nicht nur, dass er eigentlich unerlässliche Etappen im Werdegang eines klassischen Politikers überspringt. Die Präsidentschaft ist Macrons erster Wahlsieg überhaupt. Lokalpolitiker, Bürgermeister, Abgeordneter und schließlich vielleicht Minister: Für die Ochsentour hatte der ehrgeizige Einzelgänger, der nur kurz, von 2006 bis 2009, Parteimitglied der Sozialisten war, offensichtlich keine Zeit übrig. Macron schafft den Senkrechtstart, indem er sich quer zur etablierten Parteienlandschaft und zum politischen System legt.

Macrons politische und persönliche Lebensgeschichte fällt aus der Reihe. Der Schriftsteller Philippe Besson sieht ihn als «Romanfigur».[10] Macrons Selbstbeschreibung: «In Wirklichkeit bin ich nur Ausfluss der Vorliebe des französischen Volks für das Romaneske.»[11]

DER GRENZGÄNGER

In der Tat böte Macrons Leben Stoff für eine rasante Erzählung in der Kategorie «*stranger than fiction*», zuzüglich einer Prise Heldenepos.

Hinzu kommen Romantik, überraschende Wendungen — und viel
Spannung. Dies nicht nur, weil der Ausgang offenbleibt.

Die Erfahrung aus der jüngsten Geschichte lehrt uns: Reformer aus
der politischen Mitte haben immer mal Populisten den Weg geebnet.
Donald J. Trump folgte auf den übervorsichtigen Barack Obama,
das Tandem der Links- und Rechtspopulisten Luigi Di Maio und
Matteo Salvini auf den selbsternannten zentristischen «Bulldozer»
Matteo Renzi. Wird sich die Geschichte wiederholen und Macron
als tragischer Verlierer die Stufen des Élysée-Palasts ein letztes Mal
herabschreiten und seiner Nachfolgerin, der rechtsnationalistischen
Marine Le Pen, die Hand schütteln müssen?

Auf jeden Fall hat Frankreichs jüngster Staatspräsident der Geschichte zwei Qualitäten eines typischen Romanhelden. Erstens
glaubt Macron, seines Glückes Schmied zu sein, Autor der eigenen
Lebensgeschichte. «Soweit ich mich erinnern kann, hatte ich immer
diesen Willen: Selbst mein Leben zu wählen und zu bestimmen»,[12]
schreibt Macron 2016 in seiner Kampagnenschrift *Révolution*.

Als Fünfjähriger will er von seinem Elternhaus zur Großmutter
ziehen. Mit zwölf Jahren beschließt der in einer nicht-religiösen
Familie aufgewachsene Macron, sich taufen zu lassen. Mit 16 Jahren
verliebt sich der Teenager in Brigitte Auzière, eine Französischleh-
rerin an seinem Gymnasium. Mit 38 Jahren entscheidet er sich ohne
Rückendeckung einer Partei, für das höchste Amt der Republik zu
kandidieren. Und seiner neuen Ich-Partei En Marche! gibt er die In-
itialen seines Namens.

Macron entscheidet, wen er liebt, wem er dient, was er tut. Er ist
autonom, sein Wille ist ihm Gesetz — das imponiert den Franzosen.
Ob Jacques Chirac über die Metro-Schranke sprang oder der Chansonnier Serge Gainsbourg live im Fernsehen Banknoten in Flammen
aufgehen ließ: Frankreich hegt eine große Liebe zum kleinen Regel-
bruch, es hat viel Sympathie für denjenigen, der eine verbotene Ab-

kürzung nimmt, und eine Faszination für Eigenwillige, die sich über Konventionen hinwegsetzen, ja ganz und gar nach ihren Gesetzen leben.

An Macron fasziniert die Franzosen insbesondere die Liebesgeschichte mit seiner Ehefrau. Fast ein Vierteljahrhundert älter ist die Studienrätin, die Macron als Leiterin der Theater-AG seines Jesuiten-Gymnasiums La Providence in der Picardie kennenlernt und die nun Frankreichs *première dame* ist. Es ist die Geschichte einer *amour interdit* im Wortsinn: In Frankreich werden sexuelle Beziehungen (auch einvernehmliche) von Lehrpersonen mit minderjährigen Schülern und einem Altersabstand von mehr als 15 Jahren mit bis zu drei Jahren Gefängnis bestraft.

Diese *liaison dangereuse* ist vor allem ein Bruch gesellschaftlicher Normen. Ganz Amiens tuschelt über die Affäre. Brigitte Auzière ist nicht irgendwer. Sie entstammt einer alteingesessenen Chocolatier-Familie. Sieben Confiserien betreibt das Unternehmen, das mittlerweile in der sechsten Generation geführt wird und dessen Spezialität *macarons* (!) sind, ein luftiges Mandelgebäck. Und: Brigitte ist verheiratet und Mutter; eine ihrer Töchter ist Macrons Klassenkameradin.

Die Situation wird 1993 etwas entschärft, als Macron mit 16 Jahren von Amiens nach Paris wechselt. Am Elitegymnasium Henri IV, das seine Schüler unter den Besten der Republik auswählt, absolviert er sein Abitur, das Baccalauréat. Doch auch die Hauptstadt bringt Macron nicht auf andere Gedanken, hartnäckig drängt er Brigitte in stundenlangen Telefonaten, sich von ihrem Mann zu trennen.

Ein Jahr darauf verlässt Brigitte nun ebenfalls Amiens und unterrichtet an einem Pariser Gymnasium, um bei Macron zu sein. 2007 heiratet das Paar, das auch in Paris Aufsehen erregt. «Wir hatten einigen Gegenwind. Wollten wir eine Liebe wie die unsere leben, mussten wir uns ein dickes Fell zulegen, um böswilligen Kommentaren, dem Spott und den Gerüchten standzuhalten. Wir mussten

Schulter an Schulter stehen, mutig und lebensfroh sein», sagt Brigitte später in einem Interview.[13]

Wer wagt, gewinnt: Das Leben scheint Macron recht zu geben. Der gemeinsame Kampf für die Akzeptanz ihrer Liebe hat ihn geformt. «Unsere Geschichte hat uns den unbedingten Willen eingeimpft, nichts dem Konformismus zu opfern, wenn man mit Kraft und Ernst daran glaubt», lautet der letzte Satz des autobiographischen Teils von *Révolution*.

Diese ungewöhnliche Beziehung beeindruckt selbst die linke Schriftstellerin Virginie Despentes, die sonst kein gutes Haar an Macron lässt. Er habe ein «befriedetes Verhältnis zur Männlichkeit». In seinem Fall sei die Frau eines Politikers nicht lediglich eine Trophäe. Vor allem zeige sich Macrons Emanzipation und Fähigkeit, «das Leben zu leben, wie er es will».

Diese Liebe *contre* jede Konvention ist mittlerweile Teil von Macrons politischem Kapital geworden. Sie kennzeichnet ihn als selbstbestimmte, durchsetzungsstarke und zuweilen transgressive Persönlichkeit, die sich so leicht nicht beeindrucken lässt und selten Risiken scheut. Macron kultiviert seit Beginn seiner politischen Karriere gezielt dieses Image als Solitär jenseits der Parteien und Konventionen.

Neben seinem Liebesleben ist sein bestes Instrument dazu auch sonst der wohlbedachte Tabubruch. Als Minister einer sozialistischen Regierung fordert er die Abschaffung der 35-Stunden-Arbeitswoche. Er macht Europa zum zentralen Kampagnenthema in einem Land, in dem alle Parteien seit dem Debakel der Volksabstimmung zum Europäischen Verfassungsvertrag 2005 die Frage zu umschiffen versuchen, wie sie denn zur Europäischen Union stünden — damals hatten 55 Prozent mit Nein gestimmt. Er bewertet Frankreichs Kolonialgeschichte als «Verbrechen gegen die Menschlichkeit», ungeachtet der vielen älteren Bürger, die im Algerienkrieg kämpften, und der 3,2 Millionen *pieds-noirs* («Schwarzfüße»), Algerien-Franzosen und ihrer Nachkommen, die seit 1830 in das nordafrikanische Land einwanderten und nach der Unabhängigkeit Algeriens zurück nach Frankreich gingen. Emmanuel Macron «ist dieses Kind, das Spaß daran hat, in Pfützen zu stapfen», abseits der Skipiste zu fahren und genau das Gegenteil dessen zu machen, was man von ihm erwartet, schreibt die Journalistin Corinne Lhaïk, die Macron seit neun Jahren beobachtet.[14]

Mit kleinen oder waghalsigen Grenzüberschreitungen zieht er die Aufmerksamkeit auf sich. Er rechtfertigt sich damit, dass er eben Klartext rede und den Franzosen die Wahrheit sage. Das Land sei zu lange vom politischen Personal mit einem «sterilisierten Diskurs» abgespeist worden. Die Wahrheit zu sagen: Ist das, ganz nach dem italienischen Philosophen Antonio Gramsci, den Macron gern zitiert, nicht der eigentliche «revolutionäre Akt», mit dem man eine Gesellschaft zwingt, in den eigenen Begriffen zu denken?

Es ist nicht so, dass seine Landsleute diese Transgressionen unisono gutheißen. Aber sie provozieren fast jedes Mal eine Debatte, die es ihnen erlaubt, miteinander ins Gespräch zu kommen, und jeden Einzelnen dazu einlädt, seine Position zu definieren. Und Widerspruch setzt zumindest Anerkennung voraus. Wenn Macron etwas bekommen hat, das sein Vorgänger Hollande nie erhielt, dann ist es dies: Anerkennung für seine Eigenständigkeit und das Wagnis, sich zu exponieren. Auch für die Chuzpe, seinen Wählerinnen und Wählern etwas zu zumuten.

DER HEGELIANER

Tatendrang ist eine weitere Eigenschaft des Emmanuel Macron, die ihn zum Romanhelden qualifiziert. Ursprünglich wollte der Junge aus Amiens Schriftsteller werden.[15] In Frankreich wird dem erfolgreichen Intellektuellen oder Künstler zuteil, was in den Vereinigten

Staaten dem *Selfmade*-Milliardär vergönnt ist: der sichere Weg zum Einzug in das Pantheon der Geschichte der Nation.

Man stelle sich vor: Bis zu einer Million Menschen kamen im Dezember 2017 in den Straßen von Paris zusammen, als der Gedenkgottesdienst für die Rocklegende Johnny Hallyday in der Pfarrkirche Madeleine abgehalten wurde. Weitere 15 Millionen verfolgten die Live-Übertragung im Fernsehen. Dass Hallyday Jahre zuvor in die Schweiz gezogen war, um Steuern zu sparen, war vergeben und vergessen.

Die 40 Mitglieder der Académie française, jener Institution, die seit 1635 die französische Sprache «pflegen» soll und den Inhalt des französischen Wörterbuchs bestimmt, werden buchstäblich «*les immortels*» («die Unsterblichen») genannt. Die Aufnahme ist die Krönung einer intellektuellen Karriere und in erster Linie Schriftstellern und Philosophen vorbehalten. Unsterblichkeit und ungeteilte Bewunderung erlangt man in Frankreich durch kulturelles Schaffen, seltener als Politikerin oder Politiker, und schon gar nicht, indem man Geld verdient.

Denn Kultur ist in Frankreich nicht Nebensache, sondern allgegenwärtig und alltäglich. Man kauft seinen trendigen *deux-pièces* (Zweiteiler) bei Zadig & Voltaire, den man dann beim Hamburgeressen im Take-away Le Flaubert mit Ketchup bekleckert, worauf man ihn im Kleinwagen Citroën Picasso zur Kleidereinigung Molière bringt. Bäckereien nennen sich in Anwandlung an Marcel Proust schon mal «Auf der Suche nach dem verlorenen Brot». Jeder Politiker, selbst ein Sarkozy oder eine Le Pen, will kultiviert erscheinen. Während der Gelbwesten-Krise debattiert Macron mit 64 Intellektuellen, vom Physik-Nobelpreisträger Serge Haroche bis zur Glücksökonomin Claudia Senik, live übertragen vom Radiosender France Culture.

Der Stil, die Sprache, die Umgangsformen zählen. Auf den Profilen der Internet-Dating-Plattform Tinder schreiben nicht wenige, das Gegenüber müsse bitte schön die französische Grammatik und den spielerischen Umgang mit der Sprache beherrschen. Das TV-Duell vor der zweiten Runde der Präsidentschaftswahlen 2017 gewann Macron nicht nur, weil Le Pen vor laufender Kamera inhaltlicher Fehler überführt wurde, sondern auch, weil sie absichtlich etwas vulgär auftrat. Es sind oft die feinen Unterschiede, die entscheidend sind. Schließlich war es der Franzose Pierre Bourdieu, der das Konzept des «kulturellen und sozialen Kapitals» in die Soziologie einführte und damit den Gedanken in die Welt setzte, dass Ungleichheit nicht nur eine Frage der Verteilung materieller Mittel sei.

In der Kulturnation Frankreich versucht sich auch Macron als Autor. Drei Bücher hat er angeblich bislang geschrieben. Als 19-Jähriger verfasste er einen ersten Roman über den spanischen Eroberer des Aztekenreiches, Hernán Cortés. Das zweite Werk handelt laut Aussage Brigitte Macrons von einer «enigmatischen, älteren Dame».[16] Ein drittes Buch soll Macron über sein Leben geschrieben haben. Als Präsidentschaftskandidat dachte er darüber nach, Letzteres zu veröffentlichen. Macrons Berater sollen ihm jedoch davon abgeraten haben. Das Buch habe nicht unbedingt «literarische Qualitäten».[17]

Macrons erste Bücher bleiben also unter Verschluss. Und auch seine ursprünglich angepeilte Karriere als Intellektueller kommt anfangs nicht in die Gänge. Zweimal scheitert er an der Aufnahmeprüfung zur École normale supérieure (ENS), der Kaderschmiede der französischen Akademiker. Er sei abgelenkt gewesen und habe zu viel Zeit mit Brigitte verbracht, entschuldigt sich Macron heute. In Wahrheit versagte er im Fach Mathematik. *Faute de mieux* studiert Macron Philosophie in Nanterre und Politik an der Pariser Sciences Po, wo er seinem philosophischen Lehrmeister Paul Ricœur begegnet.

Der in Frankreich hoch verehrte Giacomo Casanova schreibt in seinen Erinnerungen *Aus meinem Leben*: «Wenn du nichts getan hast, was wert ist, aufgeschrieben zu werden, so schreibe wenigstens etwas,

was wert ist, gelesen zu werden.»[18] Bei Macron ist es umgekehrt: Er muss handeln, um Geschichte zu schreiben. Und er glaubt, vom Zeitgeist getragen zu werden.

Für seine erste große öffentliche Rede 2016 wählte der Präsidentschaftskandidat Macron die Stadt Orléans und das Datum des 8. Mai. An dem Tag wird der Sieg von Jeanne d'Arc über die Engländer 1429 gefeiert, die Orléans belagert hatten. Macron erklärte: «Die Franzosen brauchen Jeanne d'Arc, denn sie sagt uns, dass unser Schicksal nicht vorbestimmt ist.» An anderer Stelle präzisiert Macron: «Die große Aufgabe liegt darin, aus der Unbedeutsamkeit auszubrechen. Seit 30 Jahren leben wir in einer Art schlecht verdautem Postmodernismus. Wir müssen wieder dazu übergehen, etwas aufzubauen, und dabei auch dafür geradestehen, dass ein Teil der Entscheidungen eindeutig und unilateral ist.»

Macron ist ein Kind der Aufklärung, zu der er sich immer wieder öffentlich bekennt. Sein Glaube an ihre Ideale hat beinahe religiöse Züge: Ratio, Autonomie und Voluntarismus sind für ihn die Treiber des «Triumphs der Hoffnung».

Einer fortschrittsskeptischen Aufklärungskritik hält Macron unbeirrbaren Optimismus entgegen. Der etwas in Vergessenheit geratene amerikanische Schriftsteller Saul Bellow schrieb 1983 nach einem Paris-Besuch: «Die Nachkriegsphilosophie in Frankreich, übernommen von Deutschland, ist wenig erbaulich. Marxismus, Eurokommunismus, Existentialismus, Strukturalismus und Dekonstruktion. Sie haben nicht das Potenzial, die französische Zivilisation wiederherzustellen.»[19]

Gut ein halbes Jahrhundert später würde Macron diese Beobachtung unterschreiben. «Frankreich ist kein zynisches Land, doch die Eliten glauben das. Frankreich ist nicht dafür gemacht, ein postmodernes Land zu sein», sagt der Präsident und verneint keineswegs, dass die heutige Welt voller realer Enttäuschungen sei.[20] Die kritischen postmodernen «Dekonstruktivisten» hätten sehr wohl Schwachstellen des Aufklärungsversprechens beleuchtet. Aber die Postmoderne habe kein eigenes konstruktives Bild der Rolle des Menschen in der Welt geschaffen. Eine postmoderne «Haltung» helfe nicht weiter. Macron macht sie gar für einen wachsenden Relativismus und Fatalismus in den Eliten und der Gesellschaft verantwortlich, die Frankreich lähmen. Es nähre nur die Resignation, der Politik und dem Individuum die Möglichkeit abzusprechen, die Welt zu verbessern.

Macron könnte im Sinne Odo Marquards als ein «Weigerungsverweigerer» bezeichnet werden. Dem Philosophen zufolge gehört es zur Skepsis, Affirmationsverbote zu übertreten. Das kleine «Ja»-Sagen sei schwieriger als das große «Nein»-Sagen.[21] Macron sagt «Ja» und handelt entsprechend. «Wenn wir das Land zum Erfolg führen und in der Kontinuität unserer Geschichte Wohlstand im 21. Jahrhundert schaffen wollen, müssen wir handeln. Wir tragen die Lösung in uns», schreibt er in *Révolution*.[22] Handeln, auch wenn es bedeutet, Risiken einzugehen und sich die Hände schmutzig zu machen. Autorin Virginie Despentes kommentierte bei Amtsantritt Macrons im Mai 2017: «Ich hoffe, er wird kapieren, dass die Leute nahe daran sind, zu explodieren, dass sie verzweifelt sind. An seiner Stelle würde ich so wie Chirac gar nichts machen.»[23] Der Präsident sagt dann vier Monate später, im September: «Wenn ich es nicht schaffe, Frankreich radikal umzubauen, wird es schlimmer, als wenn ich überhaupt nichts mache.»

Gilt die Weisheit des berühmten *Leoparden* von Giuseppe Tomasi di Lampedusa, dass sich alles ändern müsse, damit alles so bleibe, wie es ist? Oder aber jene Sentenz aus Despentes' Romantrilogie *Das Leben des Vernon Subutex*, dass am besten alles gleichbleiben solle, damit es nicht noch schlimmer werde?

Wenn Macron an seine Erfolgschance glaubt, dann weil er sein Schicksal als Teil einer größeren Geschichte, ja einer Vorsehung betrachtet. Dem Schriftsteller Emmanuel Carrère sagt er Sätze wie: «Ich glaube, unser Land steht am Rande des Abgrunds und könnte sogar stürzen. Wenn wir nicht an einem tragischen Moment unserer Geschichte wären, wäre ich nie gewählt worden.» In einem Interview mit der Literaturzeitschrift *La Nouvelle Revue Française* beteuert er: «Mich stimmt paradoxerweise optimistisch, dass die Geschichte wieder tragisch wird. Europa wird nicht mehr geschützt sein, wie es seit dem Ende des Zweiten Weltkriegs der Fall war. Dieser alte Kontinent von Kleinbürgern, die sich im materiellen Komfort geborgen fühlen, ist daran, ein neues Abenteuer zu beginnen, in dem die Tragik zurückkommt. … Und in diesem Abenteuer können wir wieder zu einem neuen Elan finden, dem sich auch die Literatur nicht entziehen wird.»[24]

Abgesehen davon, dass Macron von «Kleinbürger-Mentalität» wenig hält, zeigt das Zitat vor allem eins: Er glaubt im Sinne des Historikers Fritz Stern an die Offenheit der Geschichte. Für die Handelnden gibt es Raum, folgenreiche (Fehl-)Entscheidungen zu treffen. Wenn Bundeskanzler Helmut Kohl einst vom Zipfel des Mantels der Geschichte sprach, den er ergriffen habe, so geht es bei Macron mindestens um den halben Mantel. Die Grenze zwischen Vertrauen in die eigene Handlungsmöglichkeit und Größenwahn ist fließend.

So viel Verantwortung könnte Macron einschüchtern. Doch der Präsident sieht sich nicht nur als Held des eigenen National- und Europa-Epos, sondern auch als Teil einer Vorsehung. «Man ist immer nur das Instrument von etwas, das uns überragt», sagt der frühere Student der Philosophie,[25] der seine Diplomarbeit mit dem Titel «Die Vernunft in der Geschichte» über Georg Wilhelm Friedrich Hegel schrieb.

In Interviews beruft er sich immer wieder auf den Denker des deutschen Idealismus und dessen Vorstellung von der «List der Vernunft». Hegel meint damit, dass «Fortschritt» in der Menschheitsgeschichte getrieben werde von einer Vielzahl größerer und kleinerer Handlungen, wobei die Akteure sich der Tragweite ihrer Entscheidung gar nicht bewusst seien. Verkürzt gesagt ist die «List der Vernunft» das Pendant zur Theorie der «unsichtbaren Hand» auf dem freien Markt: eine Art metaphysische Kraft, die zur richtigen Verteilung wirtschaftlicher Güter in dem einen Fall und zum Fortschritt der Menschheit im anderen Fall beiträgt.

Während seiner Präsidentschaftskampagne setzte Macron genau auf diesen Fortschrittsglauben, was ihm den Spott seiner Konkurrenten eintrug. Die Franzosen sollten nicht auf Macrons «halluzinogene Pilze» hereinfallen, warnte Jean-Luc Mélenchon, und der Mitterechts-Kandidat François Fillon schimpfte Macron einen «Guru». Am Ende aber gelang Macron ein erstaunlicher Kniff: Die Franzosen mögen nur zu gern jammern, aber Opfer wollen sie auf keinen Fall sein. Wenn Macron Frankreichs Pessimismus und Opferhaltung anprangerte, traf er bei seinen Landsleuten einen wunden Punkt.

Macrons philosophisch-ideologischer Diskurs verdrängte die handfestere politische Debatte über Verteilungskämpfe und Identitätspolitik, die seine Konkurrenten entfachen wollten. Die Optimismus-Predigten verfingen im ersten Wahlgang bei gut einem Viertel der Wählerinnen und Wähler, die nach Hoffnung und erstarktem Selbstvertrauen dürsteten. Genug, um den Emporkömmling in den Élysée-Palast zu bringen und damit in das politische Amt, das in Europa mit der größten Machtfülle ausgestattet ist. Nun kann er sein Epos schreiben.

DER UNFEHLBARE

Emmanuel Macron ist der Typ Klassenbester. Im Klassenzimmer saß er in der vordersten Reihe. Auf den Fotos seines Jahrgangs sitzt er ebenfalls vorne in der Mitte und hält die Schiefertafel mit dem Klassennamen hoch.[26] Doch er bekundet Mühe, Fehler einzugestehen. Als

Macron während des Wahlkampfs fälschlicherweise in einem hektischen Straßeninterview Französisch-Guayana als eine Insel bezeichnet, räumt er den Fehler nicht einfach ein. Stattdessen sagt er, er habe immer gewusst, dass das Übersee-Département keine Insel sei, aber eingeklemmt zwischen dem Amazonas und dem Ozean fühle sich das Leben dort so an.

Emmanuel Carrère wartet mit einer weiteren vielsagenden Anekdote auf. Nach seiner Rede auf der Frankfurter Buchmesse 2017 wirft ein französisch-kongolesischer Autor Macron im Gespräch vor, keinen frankophonen Autor genannt zu haben, der nicht Franzose sei. Macron erwidert, er habe sehr wohl den senegalesischen Poeten Léopold Sédar Senghor erwähnt. Als die Situation peinlich wird, da niemand Senghors Namen in Macrons Rede gehört hat, wechselt der Präsident behände die Strategie. Er habe ja vom französischen Sprachraum gesprochen, und wenn man von Frankophonie rede, sei es ja klar, dass man auch Senghor im Kopf habe.

Unterlaufen ihm Fehler, die er nicht einfach so abschütteln kann, sind andere schuld. Wenn Frankreich in der Coronavirus-Pandemie zu Beginn mit dem Impfen langsamer vorankommt als etwa Deutschland, dann lässt er die Sonntagspresse wissen, er sei «stinksauer» auf die Verantwortlichen.[27] Dabei laufen bei der Covid-19-Politik alle Fäden im Élysée-Palast zusammen. Der schleppende Start war nicht nur dem Mangel an Impfstoff geschuldet: Macron setzte aufgrund der in Umfragen gespiegelten hohen Impfskepsis im Land auf einen behutsamen Start und begrenzte den Kreis der Impfempfänger auf Altenheime.

Nach den Europawahlen 2019 lehnte das Europäische Parlament Sylvie Goulard ab, Macrons Kandidatin für das Amt der französischen EU-Kommissarin. Gegen die unermüdlich für das deutsch-französische Verständnis kämpfende Goulard, eine Verbündete Macrons der ersten Stunde, liefen Ermittlungsverfahren wegen illegaler Parteienfinanzierung. Macron machte die frisch gewählte Kommissionspräsidentin Ursula von der Leyen für die Blamage verantwortlich. Sie habe Goulard als Kommissarin in Brüssel gewollt und zugesichert, dass das Europäische Parlament sie bestätigen würde.[28] Selbst wenn dies stimmen sollte, wird doch deutlich: Macron desavouiert lieber von der Leyen, als Verantwortung zu übernehmen. Zumal manche Volksvertreter die Abfuhr Goulards auch nutzten, um sich an dem französischen Präsidenten zu rächen. Macron hatte sie zuvor gedemütigt, als er die Ernennung ihres Favoriten für das Amt des Kommissionspräsidenten blockierte, den Spitzenkandidaten der Europäischen Volkspartei (EVP), Manfred Weber. Der Franzose hielt den Bayern für nicht fähig genug.

Und selbst wenn Macron Fehler eingesteht, klingt es nicht wirklich so. Als die Gelbwesten-Proteste im Winter 2018-19 das Land an den Rand des Chaos bringen, erklärt Macron erst nach Wochen gewalttätiger Proteste: «Ich höre die Wut.» Und erläutert: Er habe es nicht geschafft, die Franzosen mit den Eliten zu versöhnen. Im ersten Pandemie-Jahr erklärt Macron im Juni 2020, die globale Gesundheitskrise zwinge die Welt und die Politik grundsätzlich dazu, sich neu zu erfinden. «Mich zuallererst», fügt er hinzu.

«Sich neu zu erfinden» ist nur ein halbes *mea culpa*. Einen Fehler richtig einzugestehen, wie das Angela Merkel getan hat, so dass die Bürgerinnen und Bürger seine Reue auch fühlen, das schafft Macron so gut wie nie. Solange man handelt und «mobil bleibt», wie Macron es ausdrückt, glaubt er fest daran, jede Situation wieder drehen und doch noch zu seinen Gunsten beeinflussen zu können. Gefragt, warum er nie einen seiner Romane veröffentlicht habe, erklärt Macron: «Im politischen Leben wird Unzufriedenheit mit Aktion behoben oder zumindest bekämpft. Solange Sie nicht vollkommen zufrieden sind, bleiben Sie mobil und machen weiter. Im literarischen Leben muss man irgendwann einen Punkt setzen und das, was man geschrieben hat, andere lesen lassen. Das finde ich schwierig. Wahrscheinlich bin ich zu stolz.»[29]

Nie aufgeben, den Einsatz verdoppeln, weitermachen: Das ist Macron. Scheitern gibt es nicht in seinem System, stattdessen immerzu die Flucht nach vorn. Als Jugendlicher fällt er bei der Aufnahmeprüfung für das Musikkonservatorium in Amiens im Klavierspiel durch. Ein Jahr später tritt er abermals an und besteht darauf, der gleichen Prüferin vorzuspielen. Macron wird zugelassen und gewinnt den dritten Preis des *conservatoire*. Erhält Macron, der Überehrgeizige, einmal nicht die Bestnoten oder macht er Fehler, versucht er sofort, sie auszuwetzen. Hat er sein Ziel erreicht, geht es auf zur nächsten Etappe.

Im Élysée-Palast steht ein Flügel. Ob Macron immer noch spielt?

2

ZWEIFEL UND VERZWEIFLUNG
IN FRANKREICH

Eine Tür ist entweder offen oder geschlossen. Oder aus den Angeln gehoben, somit das Schloss dringend zu reparieren ist.

— BORIS VIAN

Ein Held braucht immer eine Bühne: Frankreich ist eine. Nach wie vor ist es das mit Abstand meistbesuchte Land der Welt. Die «Stadt der Lichter» glänzt in Netflix-Serien wie *Emily in Paris* und bleibt ein Magnet für globale Nomaden mit romantischen Selbstverwirklichungsentwürfen. Aber für die Einheimischen stellt Frankreich keine sonderlich gefällige Lebenskulisse dar. Ohne Übertreibung lässt sich sagen, dass das Land schon seit Jahrzehnten in einer kollektiven depressiven Grundstimmung verharrt.

Schon vor Kaffee und Croissant geht es los. Der Radiowecker schrillt, und es läuft *la matinale*. Die Hälfte der Franzosen hört oder schaut täglich eines der unzähligen Morgenprogramme. Je nach politischer Ausrichtung schalten Madame et Monsieur France Culture (links), France Inter (Mitte-links), Europe 1 (Mitte-rechts), RTL (rechts) oder RMC (populistisch) ein. Während in Deutschland die morgendlichen Radio- und Fernsehsendungen kaum politisch gefärbt sind und primär gute Laune zu verbreiten suchen, genießen die Franzosen bei Tagesanbruch Polemik pur. Die Moderatoren berichten nicht über das politische Geschehen, sondern sie besprechen es kritisch-kämpferisch und oft mit zynischem Unterton, sie wollen abgebrüht wirken. Der Höhepunkt ist jeweils das Interview mit Exponenten aus der Politik oder der Literatur, die ein Klagelied gegen die Regierung, die Opposition, Brüssel oder allemal über die Welt anstimmen (und dabei meist ihr jüngstes Buch vorstellen).

Dem Land gehe es schlecht, so die veröffentlichte Meinung. Seit den 1970er Jahren hat Frankreich bekanntlich seine liebe Mühe mit dem globalen Kapitalismus. Der internationale Standortwettbewerb hat die steuerfinanzierte Umverteilungspolitik und den starken Schutz der Arbeitnehmer erschwert, auch das gut ausgebaute Gesundheitssystem kam unter Druck, was sich in der Pandemie gerächt hat. Die Abwanderung von Unternehmen, *délocalisation* genannt, weckt eine allgemeine Malaise.

Die Bekämpfung der Arbeitslosigkeit hat seit der Präsidentschaft Giscard d'Estaings (1974–1981) jede Regierung zu ihrer obersten Priorität erklärt. Doch mit wenig Erfolg. Frankreich ist im Grunde eine Gesellschaft von Anarchisten. «Wie wollen Sie ein Land regieren, in dem es 258 Käsesorten gibt?», fragte einmal Charles de Gaulle. So fanden die Franzosen keine gemeinsame Antwort auf den globalen Wettbewerb, anders als die weniger individualistischen und stärker am Gemeinwesen orientierten Deutschen. Die Bundesrepublik zelebriert in Sonntagsreden den Wettbewerb, aber werktags verständigen sich Politik, Wirtschaft und Gewerkschaften zum Beispiel darauf, Lohnzurückhaltung im Übermaß zu üben.

François Mitterrand versuchte es mit dem Sozialismus *à la française*, einem Mix aus Nationalisierungen, Senkung des Rentenalters, Arbeitszeitverkürzung und keynesianischer Konjunkturpolitik. Doch die Rechnung des studierten Literaturwissenschaftlers ging nicht auf. Das Land geriet noch stärker in Schieflage. Nach zwölf Jahren an der Macht stellte der erste sozialistische Präsident der Fünften Republik 1993 resigniert fest: «Wir haben alles gegen die Arbeitslosigkeit versucht.»

Konservativ-liberale Regierungen hofften immer wieder, eine Schwächung des Arbeitnehmerschutzes und niedrigere Löhne würden die Leute wieder in Arbeit bringen, scheiterten jedoch mit ihren Reformplänen am Widerstand der Gewerkschaften, die jedes Mal die öffentliche Meinung für sich einnahmen und bei Bedarf das Land lahmlegten.

Die sozialistische Regierung unter Premierminister Lionel Jospin (1997–2002) setzte ein weiteres Mal auf großzügige Frührenten, und sie verkürzte die Wochenarbeitszeit von 39 auf 35 Stunden. Schließlich aber strich auch Jospin die Segel, als der Reifen-Hersteller Michelin ein Werk schloss: «Man kann nicht alles vom Staat erwarten. Man kann die Wirtschaft nicht mehr allein mit Gesetzen und Texten regulieren.»

Die hohe Arbeitslosigkeit war und ist ein Drama für die Betroffenen — vor allem für die jüngere Generation, sie trägt die Hauptlast. Die Jugendarbeitslosigkeit (15 bis 24 Jahre) fluktuiert seit den 1990er Jahren bei knapp 20 Prozent und erreichte nach der Finanzkrise 2009 sogar fast 25 Prozent. Im langjährigen Schnitt sind 8 Prozent der Gesamtbevölkerung erwerbslos.

Das Scheitern aller Regierungen legt den beschränkten Handlungsspielraum der Politik offen, ja ihre Machtlosigkeit. Das ist fatal für die Republik, denn das Land ist, im Unterschied zur deutschen Kulturnation, eine Staatsnation: Der Staat hat die Nation überhaupt erst geschaffen. Er ist die primäre Identifikationsgröße und ein idealistisches Projekt. *L'État* (den man mit großem E schreibt, obwohl die Sprache fast nur Kleinbuchstaben verwendet) soll den Franzosen Rechte und somit die Freiheit geben, nach ihrer Fasson zu leben; er soll umverteilen und dadurch Gerechtigkeit schaffen; und er soll die Bürgerinnen und Bürger «zusammenführen» (das Zauberwort *rassembler*), das heißt sie miteinander verbrüdern. Dazu gehört das in der französischen Verfassung verankerte Recht auf Arbeit, das auf die sozial-republikanische Revolution von 1848 zurückgeht. Aber wozu ist dieser Staat noch gut, wenn er die Lebensrealität der Franzosen nicht mehr zu gestalten und die Rechte, die er festschreibt, nicht durchzusetzen vermag?

DER 21. APRIL

So kam es 2002 zu dem Tag, der als *le 21 avril* in die Geschichtsbücher eingegangen ist: Der sozialistische Kandidat Jospin, der gegen Amtsinhaber Jacques Chirac antritt, erhält bei der Präsidentschaftswahl im ersten Durchgang lediglich 16 Prozent der Stimmen. Der Kandidat des rechtspopulistischen Front National, der rechtskräftig verurteilte Antisemit Jean-Marie Le Pen, zieht in den zweiten Wahlgang gegen Chirac, der mit knapp 20 Prozent selber ein lamentables Ergebnis erzielt hat. Viele Franzosen erleben den Tag als nationales Trauma. Zwei Wochen später gewinnt Chirac den zweiten Wahlgang mit 82 Prozent der Stimmen, die Wahlbeteiligung liegt bei fast 80 Prozent.

Romane, Filme und unzählige Sachbücher haben seither das «politische Erdbeben» vom *21 avril* aufgegriffen und zu deuten versucht. Das einhellige Urteil: Es lag an der desolaten wirtschaftlichen Lage.

Das im deutschen Sprachraum meistgelesene (wiewohl in Frankreich kaum bekannte) Buch zu der These «Armut schafft Unmut» ist Didier Eribons halb autobiographische, halb soziologische Studie *Rückkehr nach Reims*, 2009 erschienen. Der Marxist Eribon, der wie Macron aus dem deindustrialisierten Norden stammt, erläutert anhand seiner Familiengeschichte, warum vormals links wählende Arbeiter zum Front National (heute Rassemblement National) gewechselt sind.

Die Erklärung des Soziologen: Die linken Parteien verstünden Politik nicht länger als Klassenkampf; sie verfolgten einen wirtschaftsliberalen Kurs, sie hätten die Arbeiter fallengelassen. Es gebe mehr Armut und darum mehr Front-National-Wähler, so die schlichte These, verkürzt sie doch den Rechtspopulismus auf eine rein ökonomische Frage. Liberale und Rechte bleiben ihrerseits in dieser Logik gefangen, wenn sie die Gegenthese vertreten und die missliche Lage am Arbeitsmarkt auf die «Reformblockade» der Linken zurückführen.

Doch wirtschaftliche Aspekte sind offensichtlich nur ein Teil der Erklärung. Von Dänemark über die Schweiz und Österreich bis nach Ungarn und Polen: In den wirtschaftlich erfolgreichsten und sozial mobilsten Ländern Europas sind Rechtspopulisten zum Teil noch erfolgreicher als in Frankreich. Autoritarismus, Nationalismus und Fremdenfeindlichkeit sind für viele Zeitgenossen auch dann attraktiv, wenn sie gute Chancen auf eine sichere Stelle und sozialen Aufstieg haben. Eribon lässt dies übrigens selbst anklingen. Das Arbeitermilieu, dem er als Homosexueller nach Paris entfloh, sei dem konservativen Gesellschaftsbild der Rechten schon immer nahe gewesen, schreibt er. In der patriarchalen Arbeiterwelt mit sexistischen und rassistischen Reflexen sei der Kampf der Linken für die Rechte von Ausländern oder sexuellen Minderheiten auf Unverständnis gestoßen.

Trotz des ganzen Kraftaktes einer Post-Rationalisierung des Aufstiegs des Front National durch Frankreichs Intellektuelle: Richtig verarbeitet haben sie das «Erdbeben» trotzdem nie. Chirac, Sarkozy und Hollande: Seit dem *21 avril* agierten auch Frankreichs Präsidenten in steter Angst vor den Rechtspopulisten. Und viele Franzosen fühlen sich als Opfer einer nicht enden wollenden Farce. Präsidenten kommen und gehen. Doch egal, wen das Volk wählt, ob links oder rechts, jede Regierung sieht sich gezwungen, wegen des wachsenden Schuldenbergs und der anhaltenden Schwäche der Wirtschaft Einschnitte am Sozialstaat hier und Abstriche an den Arbeitnehmerrechten dort vorzunehmen.

Das gibt Nahrung für das in Frankreich sehr präsente Narrativ eines *déclassement*: eines französischen Abstiegs in die zweite oder dritte Liga. Frankreich werde abgehängt, dem Land gehe es schlecht, so die von Buch zu Buch und von Leitartikel zu Leitartikel bekräftigte Dauermeinung. Streitschriften wie *Der französische Selbstmord: 40 Jahre, die Frankreich zerstört haben*[30] werden zu Bestsellern. Jede literarische Saison bringt immer neue Variationen des Themas: *Das französische Malheur, Frankreich stürzt ab, Besessen vom Niedergang* — die Liste ist endlos. Rundfunksendungen widmen sich Fragen wie: «Kann es einem gut gehen in einem Land, dem es schlecht geht?»

Deutschland kommt hier eine besondere Rolle zu. Permanent wird der Vergleich mit dem großen Nachbarn am anderen Ufer des Rheins gesucht, ob es denn um Wirtschaftswachstum, Arbeitslosigkeit, die Zahl der jährlichen Streiktage oder die der Patentanmeldungen geht. Rundum scheint die Bundesrepublik besser abzuschneiden. Selbst bei den Geburtenziffern — lange Frankreichs Stolz — holt der Nachbar allmählich auf.

PERMANENTER AUSNAHMEZUSTAND

Das mediale Narrativ eines nationalen Versagens spiegelt die trübsinnige Grundstimmung in der Bevölkerung. Seit Jahrzehnten bestätigen Umfragen, dass die Franzosen die Zukunft besonders pessimistisch einschätzen.

2019 glaubten 73 Prozent, Frankreich sei im Niedergang begriffen (und historisch gesehen ist das ein eher tiefer Wert!).[31] Nur gerade 34 Prozent der Franzosen befanden im Sommer 2020, die Lage im Land sei «gut»: In der Bundesrepublik waren es 73 Prozent. Und 76 Prozent der Franzosen, aber bloß 43 Prozent der Deutschen bezeichneten die wirtschaftliche Lage als schlecht.

Gefragt, ob ihre nationale Kultur anderen überlegen sei, stimmen in einer anderen Umfrage 36 Prozent der Franzosen zu — im Vergleich zu 45 Prozent der Deutschen und 50 Prozent der Schweizer.[32] Sage noch einer, die stolzen Franzosen seien chauvinistisch! Sie gehen unbarmherzig mit sich selbst ins Gericht.

Das hat nicht nur mit dem Auf-der-Stelle-Treten der Wirtschaft zu tun. Frankreich kommt seit Jahren einfach nicht zur Ruhe. Zum einen sind da die Terror-Anschläge: die Bluttat in der Redaktion der Satire-Zeitschrift *Charlie Hebdo* und die Geiselnahme in einem koscheren Supermarkt am 7. Januar 2015; das Massaker im Pariser Konzerthaus Bataclan und auf zwei Barterrassen am 13. November 2015, während zur selben Zeit ein Anschlag auf das Freundschaftsspiel Deutschland–Frankreich im Stade de France fehlschlägt; die Lastwagen-Attacke am Nationalfeiertag 2016 auf der Promenade des Anglais in Nizza; die Attacke auf den Straßburger Weihnachtsmarkt am 11. Dezember 2018. Dazwischen traumatisieren immer wieder Messer-Attentate mit meist zufälligen Opfern — auf der Pariser Prachtstraße Champs-Élysées, aber auch in mittleren Städten und kleinen Ortschaften in der Provinz. Schockierend sind auch die zielgerichteten Morde an Juden, Priestern und Soldaten. Einer der jüngsten Anschläge in dieser Reihe ist die Enthauptung des Geschichtslehrers Samuel Paty am 16. Oktober 2020. Er hatte in einer Unterrichtsstunde zum Thema Meinungsfreiheit Karikaturen des Propheten Mohammed gezeigt.

Seit 2015 hat die Republik 31 solcher Terroranschläge erlebt, zuzüglich einer Vielzahl verhinderter Attentate. Zehntausend Soldatinnen und Soldaten der «Opération Sentinelle» patrouillieren jahraus, jahrein in Frankreichs Bahnhöfen, Gotteshäusern und Einkaufsstraßen. Man hat sich vollkommen daran gewöhnt, am Eingang eines Einkaufszentrums einen in Camouflage gekleideten Soldaten mit Maschinengewehr im Anschlag zu sehen. Nicht nur die Straßen sind militarisiert: die Geheimdienste haben freie Hand, Anti-Terror-Gesetze werden laufend verschärft. Individuelle Freiheit hin oder her:

In der Krise setzen die Franzosen auf den Staat und erwarten, dass er sie mit seiner geballten Kraft beschützt. Die Armee (85 Prozent), gefolgt von der ebenfalls militärischen Gendarmerie (81 Prozent) und der Polizei (69 Prozent) sind die Institutionen, die in der Bevölkerung das größte Vertrauen genießen. [33]

Dieser Widrigkeiten nicht genug: Macrons Wahlsieg befeuert sofort die sozialen Spannungen. Den Anfang machen die von «Schwarzen Blocks» vereinnahmten und außergewöhnlich gewalttätigen Kundgebungen gegen Macrons Arbeitsmarktreform im Herbst 2017. Im April 2018 beginnt der Streik der Bahnarbeiter gegen die Abschaffung ihres arbeitsrechtlichen Sonderstatus. Über einen Zeitraum von drei Monaten steht der Bahnverkehr ganze 36 Tage still: ein Rekord, und trotzdem erleiden die Gewerkschaften am Ende eine Niederlage. Dann entsteht, anscheinend aus dem Nichts, im Winter 2018–19 die Gelbwesten-Bewegung. Die Protestierenden legen Verkehrskreisel und Autobahnen lahm. Samstags nehmen sie jeweils Frankreichs Stadtzentren in Beschlag, eine spektakuläre Kulisse für heftige Auseinandersetzungen mit der Polizei. Im Winter 2019–20 folgt dann eine breite Mobilisierung gegen die Rentenreform. Die Bahnarbeiter brechen mit 43 Streiktagen abermals den Rekord, und diesmal beteiligen sich auch die Angestellten der Pariser Metro, die Mitarbeiter des staatlichen Energielieferanten EDF und die Lehrer. Hinzu kommen die globalen Klimaproteste von *Fridays for Future*, die auch Frankreich erfassen. Und die *Black-Lives-Matter*-Bewegung geht nach dem Mord an George Floyd durch Polizeibeamte in Minneapolis auch in Frankreich auf die Straße und geißelt die systematische Polizeigewalt gegen die dunkelhäutige Minderheit.

Lang vor der Coronavirus-Pandemie haben sich die Franzosen damit abgefunden, dass «Normalität» nicht mehr die Norm ist. Freunde in einem anderen Landesteil mit der Bahn zu besuchen oder am Wochenende in die Stadt zum Einkaufen zu fahren: All das verhinderten oft genug die Streikwellen. Die nicht gerade sport-affinen Pariser steigen *en masse* aufs Fahrrad um, sie wollen die Proteste und die Terrorangst umfahren. Oder sie verwandeln sich in Fußgänger. Fitnesscentern und Damenschuhgeschäften laufen buchstäblich die Kunden davon: Wer braucht noch Kardio-Training oder hochhackige Schuhe, wenn der tägliche Fußweg zur Arbeit fünf Kilometer quer durch Paris führt? Und jeden zweiten Sommer überrollt eine Hitzewelle die Stadt. Bürgermeisterin Anne Hidalgo ruft die älteren Pariser auf, in klimatisierte Bibliotheken, Supermärkte und Kinos zu gehen, sobald ihnen zu heiß ist. 2019 steigt das Thermometer in einer der am dichtesten besiedelten Metropolen Europas (Paris zählt 20 909 Menschen pro Quadratkilometer) mit wenig Grünflächen auf 42,6 Grad Celsius.

Den abendlichen Konzertbesuch überlegt man sich zweimal seit dem Bataclan-Massaker. Das Weintrinken im Straßenbistro feiert man schon lange nicht mehr als Akt des republikanischen Widerstands gegen die Terroristen. Als im Spätsommer 2020 die Restaurants und Bars eine Weile wieder öffneten, galt manchen die Push-Benachrichtigung auf dem Mobiltelefon, es habe im Viertel eine Messerattacke gegeben, als definitives Anzeichen der Rückkehr zur «Normalität» des Pariser Lebens.

Die Fernsehserie *In Therapie*, die bei Arte läuft und sechs fiktive Französinnen und Franzosen beobachtet, wie sie beim Psychiater ihr Bataclan-Trauma zu bewältigen versuchen, wird zum Publikumshit. Ein ganzes Land schaut auf der Fernsehcouch dem Geschehen auf der Psychologencouch zu, irgendwo zwischen Panikattacke und Erschöpfungsdepression.

Am 15. April 2019 brennt auch noch Notre-Dame de Paris. Die nach fast 200-jähriger Bauzeit 1345 fertiggestellte Kathedrale, die Kriege und Revolutionen überlebt hat und 2016 Ziel eines missglückten islamistischen Bombenattentats war, steht im sonst versöhnlichen

Pariser Feierabendhimmel in Flammen. Das Land bietet all den Zeitgenossen, die für Weltuntergangsstimmung anfällig sind, das volle Programm.

Selbst die kollektive Euphorie nach dem Sieg der *équipe tricolore* bei der Fußballweltmeisterschaft 2018 unterstrich letztlich die gedrückte Stimmung. Die Mannschaft wollte der Nation einen seltenen Augenblick des Glücks, der Sorgenlosigkeit und der nationalen Einheit schenken, wie beim legendären ersten Weltmeistertitel 1998. Kylian Mbappé, geboren 1998 als Sohn eines Kameruners und einer Algerierin, aufgewachsen in Seine-Saint-Denis, einem der Schauplätze der Pariser Banlieue-Revolten von 2005, sagte vor dem Turnier: «Ich will Frankreich verkörpern, es repräsentieren, alles für Frankreich geben.» Denn «eine Weltmeisterschaft löst viele Probleme. Sie macht das Land glücklich. Ob die Kassiererin, der Bürgermeister oder der Präsident: Alle machen sich mit einem großen Lächeln wieder an die Arbeit.»[34]

Frankreichs individualistische Fußballstars bändigten ausnahmsweise ihre Egos. Die oft zerstrittenen *Les Bleus* fanden zueinander. Sie bildeten kein Team ziemlich bester Freunde. Aber die elf Franzosen, die am Tag des Finales in Moskau aus voller Kehle die *Marseillaise* sangen, stellten sich in den Dienst der gemeinsamen Sache. Mit wenig Glanz, aber dank ihrer Eintracht holen die Franzosen den zweiten Weltmeistertitel. Das Volk, das sich eigentlich nur lauwarm für den Fußball begeistert, tanzt in den Straßen. Frankreich feiert die Feste, wie sie fallen.

CANDIDE ODER DER OPTIMISMUS

Die kollektive Schwermut ist aber nicht nur der schwachen Wirtschaftsentwicklung, den gesellschaftlichen Spannungen und dem fundamentalistischen Terror geschuldet. Die Gedrücktheit ist auch Ausdruck der permanent praktizierten Introspektion der Franzosen.

Zu den erfolgreichsten Autorinnen und Autoren zählen Michel Houellebecq, Virginie Despentes, Annie Ernaux und Édouard Louis. Sie porträtieren ihre Heimat als eine zerrüttete, gewalttätige Gesellschaft im Widerstreit mit der Modernität. Im Unterschied zu Deutschland scheint es in Frankreich sogar einen richtigen Nestbeschmutzer-Bonus zu geben. Der Schauspieler Gérard Depardieu beleidigt seine Landsleute als «Idioten» und nimmt die russische Staatsbürgerschaft an. An der Kinokasse wird Depardieu dennoch nur von Louis de Funès übertroffen, dessen Metier es war, sich meisterlich über seine Mitbürger lustig zu machen. Die Franzosen lieben diejenigen, die sie beschimpfen oder die ihnen den Spiegel vorhalten — sofern diese Störenfriede selbst Franzosen sind.

«Die Hölle, das sind die anderen.» Ganz wie in Jean-Paul Sartres Kammerspiel *Geschlossene Gesellschaft* beschäftigen sich die Franzosen hauptberuflich mit sich selber. Wer sich dessen vergewissern will, besuche eine private Feier in Paris. Zu hören gibt es dort hauptsächlich Chansons, French House und lokale Rap-Klassiker. Die Abendnachrichten des öffentlich-rechtlichen Fernsehens widmen im Schnitt 16 Prozent ihrer Sendezeit europäischen und internationalen Themen; in Deutschland liegt der Anteil bei fast 50 Prozent.[35] In einer Umfrage gaben 53 Prozent der Franzosen an, oft oder gelegentlich mit Freunden und Verwandten auch über europapolitische Fragen zu diskutieren. In Deutschland sagen das 82 Prozent von sich.

Und die Franzosen reisen selten ins Ausland.[36] Warum auch? Frankreich hat alles, was der europäische Kontinent an Natur zu bieten hat: schneebedeckte Berge, dichte Wälder und Kornfelder, die sich bis zum Horizont ziehen. Da sind die trockene Provence, nasse bretonische Mondlandschaften, windstille Seen, endlose Flüsse, eine große und viele kleine Inseln und natürlich das Meer in zweifacher Ausführung: Man kann unter Palmen am Mittelmeer flanieren oder den Wellenreitern auf dem Atlantik zusehen und dabei Austern schlürfen. Und kommt winters die Sehnsucht nach Sonne auf, locken die vielen Direktflüge nach La Réunion im Indischen Ozean oder auf die Karibikinsel Guadeloupe. Keine Frage: Die Franzosen genügen sich selbst. Unglücklich sind sie trotzdem.

Dass Frankreichs pessimistische Stimmung auch auf kulturelle Faktoren zurückzuführen ist, zeigt die Glücksforscherin Claudia Senik. Die Professorin an der Paris School of Economics hat Umfragedaten des European Social Survey aus vier Jahrzehnten durchforstet und ermittelt, dass die Bürgerinnen und Bürger anderer Länder mit ähnlichen sozio-ökonomischen Profilen im Schnitt eine um 20 Prozent höhere Lebenszufriedenheit bekunden.

Zugleich erstaunt, dass ein ganz anderes Bild entsteht, sobald man Französinnen und Franzosen nach der Zufriedenheit mit ihrem Einkommen oder ihrem Arbeitsplatz befragt. Im Sommer 2020 sagten 85 Prozent, sie seien zufrieden mit ihrem Job; lediglich 8 Prozent rechneten damit, dass sich ihre Situation in den kommenden zwölf Monaten verschlechtern werde. Diese Umfragewerte sind praktisch identisch mit denen aus Deutschland.

An der Forschung von Senik fällt ein weiterer Punkt auf. Auch im Ausland lebende Franzosen sind weniger zufrieden mit ihrem Leben als die Bevölkerung im Gastland und andere dort lebende Ausländer. Umgekehrt werden Zuzügler nach Frankreich mit der Zeit ähnlich verzagt wie die Einheimischen. Frankreichs «kulturelle Mentalität» und die Bildungstradition machten die Franzosen unglücklicher, als ihr materieller Wohlstand suggeriert, erklärt die Glücksprofessorin Senik. «Frankreich ist ein Paradies, das von Menschen bevölkert ist, die sich in der Hölle wähnen», brachte der Schriftsteller Sylvain Tesson dieses Phänomen auf den Punkt.

Woher rührt solche Lust an der Kritik und der Härte gegen sich selbst? «Wenn die Engländerinnen rothaarig sind, so sind die Franzosen Kartesianer», schrieb der Philosoph André Glucksmann 1987 selbstredend klischierend in seinem Buch *Descartes, c'est la France*.[37] *«Je pense, donc je suis»* («Ich denke, also bin ich») lautet das berühmte Dictum des französischen Mathematikers und Philosophen des 17. Jahrhunderts, René Descartes.

Doch Descartes' geradliniges Denken hat widersprüchliche Ideen in Frankreichs Wesen eingewoben, so Glucksmann, der 2015 verstorben ist. Zum einen hat es die Begeisterung für den Rationalismus geweckt. Als sich die — vor dem Zeitalter der Aufklärung undenkbare — Möglichkeit einer menschengemachten Welt eröffnete, ebnete dies Frankreichs Weg zur Revolution und zur voluntaristischen, träumerisch-idealistischen Nation. Immer wieder erklärt Emmanuel Macron, Frankreich müsse wieder an diesen «Geist des Wagnisses» (*«esprit de conquête»*) anknüpfen.

Doch zum anderen beruht Descartes' Rationalismus auf der Fähigkeit des Menschen, zu zweifeln, etablierte Ordnungen zu hinterfragen und nicht alles zum Nennwert zu nehmen. Die Praxis des Zweifels mag Fortschritt und Veränderung antreiben. Die Skepsis geht aber einher mit einer Haltung des Argwohns. Wenn die Franzosen nicht erst seit dem Internet und Covid-19, sondern seit je eine Affinität zu kruden Verschwörungstheorien hegen, dann auch deswegen, weil das Land eine Misstrauensgesellschaft ist. Auf die Frage «Kann man anderen Menschen vertrauen?» antworten nicht einmal 30 Prozent der Franzosen mit «Ja». In Deutschland liegt der Wert bei fast 45 Prozent.[38] Fast durchweg vermuten sie bei Politikern und zumal bei Macron mehr Machiavellismus, als vorhanden ist.

Eine weitere Folge des *Je pense, donc je suis* ist, dass in Frankreich nur derjenige etwas gilt, der etwas denkt; genau genommen, der sich etwas ausdenkt. Intelligenz samt ihren Insignien wie Bildung, Kultur und Sprache zählen mehr als das verpönte Geld. Deshalb veröffentlicht jeder Pariser, der etwas auf sich hält (böse Zungen würden sagen: eine Tautologie), und zumal jeder ambitionierte Politiker mindestens ein paar Seiten zwischen Pappdeckeln. Ein Buch belegt, dass man schreiben kann, und im besten Fall, dass man etwas zu sagen hat, das über einen Tweet hinausgeht.

(Es gibt natürlich in Paris eine florierende Industrie von Ghostwritern. Während sich das Deutsche für diese Berufsbezeichnung eines Anglizismus bedient, hat Frankreich passenderweise eine Vielzahl von Umschreibungen wie «*prête plume*» oder «*écrivain fantôme*», was mit «ausgeliehene Feder» oder «Phantomschreiber» zu übersetzen wäre. Die aus dem 18. Jahrhundert stammende Bezeichnung «*nègre littéraire*» verschwindet dagegen allmählich; sie legt offen, dass die Franzosen genau wussten, dass der von ihnen praktizierte Kolonialismus die Arbeit und die Talente anderer ausbeutete.)

Denken ist nicht unbedingt der Weg zum Glücklichsein. Denken mache traurig, meinte der immerzu von Macron zitierte, 2020 verstorbene Literaturwissenschaftler George Steiner. Aber wenn das viele Nachdenken eine ganze Nation verleitet, Trübsal zu blasen, liegt das auch an dem seltsamen Anpassungsdruck, der in diesem Volk der Individualisten herrscht. Zur Illustration: Wer verspätet zu einem Pariser Abendessen stößt und versucht, sich in die laufende Diskussion einzuklinken, der soll die Faustregel anwenden: Hauptsache, irgendetwas sagen, und im Zweifel etwas Kritisches. Es gibt nichts Schlimmeres als einen Menschen ohne Meinung. Optimisten stehen unter Generalverdacht, naiv zu sein beziehungsweise irgendetwas nicht kapiert zu haben.

Intelligenz und Denkleistung wird mit dem Bezug einer klaren Position und Kritik «an der Macht» oder an den gerade angeblich herrschenden Diskursen gleichgesetzt. Anna Polonyi vom Paris Institute for Critical Thinking (!) vermutet, der französische Drang zur Kritik rühre aus einer «fundamentalen Angst», als Optimist und mithin als «Verlierer» dazustehen. Glücksforscherin Senik bekräftigt: «Es ist kulturell schlecht angesehen, zu optimistisch zu sein» — was Politiker jedoch sein müssen, einschließlich des Zweckoptimisten Macron. Der Franzose verspüre einen gewissen Stolz und fühle sich überlegen, wenn er eine kritische Distanz zu allem wahre — im Sinne von: «Ich habe mich nicht übers Ohr hauen lassen.»[39] Descartes' Losung ist abgewandelt ein «Ich kritisiere, also bin ich (intelligent)».

Bei aller Liebe zum Leiden verwundert es nicht, dass Paris schon immer ein Zufluchtsort derjenigen war, die das Rotweinglas halb leer sehen. Die Stadt war die zweite Heimat des Rumänen Emil Cioran, des schwermütigsten und stilistisch leichtfüßigsten aller Pariser Schriftsteller und Kulturkritiker. Zu seinen Sentenzen gehören Aussagen wie «Wäre Dante Franzose gewesen, er hätte nur das Fegefeuer beschrieben» oder «Ich verstehe Frankreich gut — durch alles, was faul in mir ist».[40]

Der im selbstgewählten Pariser Exil lebende Schweizer Schriftsteller Paul Nizon beobachtet: «Frankreich ist ein Land von zweckpessimistischen Individualisten. Sie gehen davon aus, dass das Leben hart ist, und sehen es als ihre Aufgabe, diesem etwas Positives abzuringen.»[41] Paradoxerweise dient das negative Welt- und Lebensbild als Quelle der berühmten französischen *joie de vivre*, der Lebenslust. Das Schöne muss zelebriert, jede gute Nachricht mit Champagner gefeiert werden, denn frohgemute Erlebnisse werden als Ausnahmefälle betrachtet.

Das Bild des unzufriedenen Franzosen ist natürlich vor allem auch eine Pariser Impression. Im Süden des Landes ist man ausgeglichener, im Westen geschäftiger, im Osten gemütlicher. Aber wo auch immer im Lande, der Gutgläubige kommt in der französischen Kulturgeschichte schlecht weg. Jeder Jugendliche liest in der Schule Voltaires *Candide oder der Optimismus*, in dem sich der Nationalautor dauernd über die Naivität und den Optimismus der Hauptperson seiner Novelle mokiert. Versöhnlich gestimmte Autoren werden in die Gattung *livres de plage* (Strandbücher) einsortiert: eine schöne

Ablenkung beim Sonnenbaden an der Küste, keine ernsthafte Literatur.

Pessimismus und Kritik sind nicht bloß ein Beiwerk der intellektuellen Eitelkeit; sie erlauben es den Franzosen auch, Nähe herzustellen und Solidarität mit weniger Glücklicheren zu zeigen, meint Polonyi. Wer im Gespräch mit anderen Kritik übe, sei es am Wetter, sei es am Staat, sei es am Nachbarn, der im Treppenhaus nicht mal «*bonjour*» zugerufen habe, gebe sich als vulnerabel zu erkennen.

Bereits die Begrüßung ist der Auftakt eines Klagelieds. Man fragt leicht besorgt «*ça va?*» und erwartet durchaus ein Seufzen oder Lamento — während in Deutschland und erst recht in Großbritannien auf ein «Wie geht's?» das obligate, unverbindliche «gut» folgt und jede andere Antwort irritieren würde. So ist das französische «Ach und Weh» ein Türöffner für Komplizenschaft in diesem Land, in dem der erste Kontakt oft distanziert oder unbeholfen ist. Eine gemeinsam erlittene Misere wirkt als einigende Kraft.

«Unglücklich das Land, das Helden nötig hat», schrieb Bertolt Brecht. Frankreich glaubt noch immer, Helden nötig zu haben. Und in der Tat ist der reale und gefühlte Abstieg Frankreichs das lange Prélude zu dem schnellen Aufstieg des Emmanuel Macron.

3

MACRONS THEORIE DER MACHT

Die Geschichte ist vollkommen wahr,
da ich sie von Anfang bis Ende erfunden
habe.

— BORIS VIAN

Unzufriedenheit und die beharrliche Weigerung, die Dinge so zu akzeptieren, wie sie sind: Dies sind die Triebfedern des Voluntarismus in der französischen Politik. Sie erklären auch das historische Unbehagen mit der parlamentarischen Demokratie und die Neigung zum Präsidentialismus. «Le pouvoir» («die Macht»), wie man den Präsidenten und seine Regierung zu nennen pflegt, will gestalten und nicht bloß die Rahmenbedingungen setzen, lieber handeln als lange verhandeln.

Vor seinem Amtsantritt hat Emmanuel Macron seine Vorstellung von der Rolle eines Präsidenten durchdacht und öffentlich dargelegt und sie historisch definiert — in starkem Kontrast zum Selbstverständnis seiner Vorgänger.

Wie die meisten Politiker seines Jahrzehnts wollte der 2007 gewählte Nicolas Sarkozy eher Manager denn Präsident sein; er gab sich als «Macher», ihm missfiel das Repräsentieren. Sein Französisch war nicht fehlerfrei, und in einer Rede zitierte er schon mal einen gewissen «Stéphane Camus», denn na ja, ob Stéphane oder Albert, das hatte er nicht immer so präsent.

Noch ein Stück weiter ging François Hollande und kündigte an, ein «normaler» Präsident sein zu wollen; er habe vor, dem Amt etwas von seinem Habitus und seiner Schwere zu nehmen. Hollande trug schlecht geschnittene Anzüge, die Krawatte saß nie richtig, aber nicht ganz falsch, er sprach mit hoher Stimme, witzelte dauernd und war auch wirklich lustig (Journalistin: «Können Sie uns ein Wort sagen?» Hollande: «Ja.» Journalistin: «Können Sie uns auch ein zweites sagen?» Hollande: «Nein.»). Dieser «Normalo» verkam zur Witzfigur, sympathisch zwar, aber gegen Ende seiner Amtszeit für so unfähig befunden, dass er sich nicht einmal mehr zur Wiederwahl aufstellen ließ — ein Novum.

Nicht zuletzt als Hollandes Gehilfe hat Macron gelernt: Macht ist eine Frage der Wahrnehmung. Aus nächster Nähe verfolgte er, was passiert, wenn der Staatchef Wahlversprechen bricht, Konflikte scheut und Zweifel an seiner Entscheidungskraft sät.

Ohnehin hat Macron seine Magister-Arbeit über den florentinischen Philosophen Niccolò Machiavelli verfasst. Der geistige Vater der Realpolitik beteuerte nicht nur: «Politik und Moral sind zwei verschiedene Dinge.» In *Der Prinz*, Machiavellis Handbuch der Macht, gab er Staatslenkern auch diesen Tipp: «Es ist besser, gefürchtet zu werden als geliebt.» Emmanuel Macron sieht das ähnlich. Unmittelbar nach Amtsantritt erklärt er in einem Interview, als Staatschef solle man «sich darauf einstellen, verunglimpft, beschimpft und verspottet zu werden — das liegt in der Natur der Franzosen. Und: Als Präsident darf man nicht geliebt werden wollen. Was natürlich schwierig ist, weil jeder geliebt werden will.»

RÜCKKEHR DER AUTORITÄT

Emmanuel Macron will also nicht verehrt werden, jedoch eine Autorität sein, die durch schnelles, gradliniges Handeln den Takt vorgibt. Den Bürgerinnen und Bürgern soll von Anfang an klar werden, dass er bei Reformvorhaben nicht einknicken und dem allgegenwärtigen «Druck der Straße» nicht nachgeben werde. Habe er die Glaubwürdigkeit seines Amts als Herr im Hause Frankreich wieder etabliert, werde der Widerstandsgeist der Opposition erlahmen. Wer eine Autorität ist, braucht nicht autoritär zu sein. Kurzum: Eine Blitz-reformwelle soll den Gordischen Knoten der Unreformierbarkeit Frankreichs zerschlagen, so seine anfängliche Strategie. Eine Politik ganz nach dem ehemaligen Firmenmotto von Facebook: «*Move fast and break things*».

Macron eröffnet seine Präsidentschaft bewusst mit zwei Monster-Reformvorhaben, die schon unzählige Male gescheitert sind. Im Sommer 2017 schnürt er ein Paket von Liberalisierungen des Arbeits-rechts, das im Kern die Abfindungen deckelt, die Unternehmen bei einer Kündigung zahlen müssen. Ein Jahr später schafft er die beson-dere Rentenregelung für Bedienstete des staatlichen Eisenbahnunter-nehmens SNCF ab. Die Eisenbahner hatten sich dank ihres hohen gewerkschaftlichen Organisationsgrads und des Störpotenzials bei Arbeitskämpfen vorteilhafte Konditionen erkämpft: Mitarbeiter dürfen mit 57 Jahren in Rente gehen, Lokführer sogar mit 52 Jahren.[42]

Die Gewerkschaften und Bahnmitarbeiter opponieren und strei-ken massiv, aber Macrons hohes Tempo überrumpelt sie. Im Parla-ment reiht sich Nachtsitzung an Nachtsitzung. Im Hauruckverfahren pauken der Präsident und sein Kabinett die Reformen durch die Le-gislative. Die Öffentlichkeit solidarisiert sich auch nicht wirklich mit den Streikenden. Macrons Blitzreformen stoßen auch auf Verständ-nis. Irgendetwas muss sich ja ändern, will man einen Ausweg aus dem Malheur finden. Jean Jaurès, der große Reformer der Dritten Re-publik und die historische Leitfigur der Sozialisten, sagte zu Beginn des 20. Jahrhunderts: «Die französische Demokratie ist nicht müde vor lauter Bewegung, sie ist müde vor lauter Stillstand.»[43] Frankreich scheint 2017 wieder einmal an diesem Punkt angekommen zu sein.

Auf Anhieb will Macron seine Autorität auch im Staatsapparat durchsetzen. Der ausgebildete Elitebürokrat hegt Misstrauen gegen-über dem «*État profond*», wie er es selber sagt (im Englischen würde man vom «*deep state*» sprechen).[44] Zwei Monate nach Amtsbeginn statuiert er ein Exempel, indem er den altgedienten Militär und Generalstabschef Pierre de Villiers schasst. Eine Provokation: De Villiers ist der erste Stabschef der Fünften Republik, der zum Rücktritt gezwungen wird. Der aus einer einflussreichen Familie stammende General hatte es gewagt, Macron in einer Parlaments-Befragung und in einem Facebook-Eintrag zu einer Budgetfrage offen zu kritisieren. Tage darauf erklärt der Staatschef und Oberbefehlshaber der Streitkräfte in einer Rede vor französischen Offiziersanwärtern mit ernster Miene: «Ich bin euer Chef.» Er akzeptiere «keine öffentlichen Kommentare und keinen Druck».

Macron reagierte damit auch auf die Kakophonie der Präsidentschaft Hollandes. Minister sprachen dauernd hinter vorgehaltener Hand mit der Presse und demontierten seinen Vorgänger. Die Spitzenpolitiker des linken und des zentristischen Flügels von Hollandes Parti Socialiste lagen sich permanent in den Haaren und trugen ihre gehässigen Richtungskämpfe in aller Öffentlichkeit aus. Die Medien griffen dies dankbar auf und beleuchteten das Pariser Geschehen als Telenovela der sich bekriegenden PS-Gockel. Die Streithähne, auch Präsident Hollande, waren oft mit Starjournalistinnen liiert, die dann ihre Enthüllungsbücher schrieben — was dem Spektakel wenigstens teilweise eine gewisse literarische Qualität verlieh.

Macron aber will solchen «schlechten Angewohnheiten» 2017 sofort einen Riegel vorschieben. Seinen Ministern erklärt er daher, er akzeptiere weder Machtkämpfe noch öffentliche Kritik. Nach dem allwöchentlichen Ministerrat mittwochmittags schwatzten die abziehenden Minister von François Hollande im Hof des Élysée-Palasts stets kurz mit der Schar der wartenden Journalisten und gaben kurze *sound bites* zum Besten. Unter Macron laufen die Minister schnurstracks zu ihren Autos, um den Fragen der Presse auszuweichen.[45] Macron macht sich ebenfalls rar. Er wolle «den Mauscheleien zwischen Politik und Medien» ein Ende setzen. Als Präsident andauernd mit Journalisten zu sprechen und sich mit ihnen zu umgeben, «das hat nichts mit Nähe und schon gar nichts mit Volksnähe zu tun», so Macron.[46] Seine Verlautbarungen könnten nicht wie bei Hollande einfach «eine Stimme unter anderen in der politisch-medialen Sphäre» sein.

Der neue Präsident fordert für sich den Respekt, den Charles de Gaulle oder François Mitterrand erwarteten. «In meinem persönlichen Pantheon finden sich de Gaulle und Mitterrand. Sie stehen für zwei Momente des scharfen Bruchs in unserer jüngeren Geschichte», erklärt er.[47] Auf dem Präsidentenporträt posiert Macron vor seinem Schreibtisch mit de Gaulles Kriegsmemoiren. Von Mitterrand hat er den Parteinamen En Marche übernommen. Zur Präsidentschaftswahl 1988 — wohl die erste Wahl, die Macron als Elfjähriger bewusst miterlebt hat — lautete Mitterrands Slogan: «*La France unie est en marche.*»

De Gaulle und Mitterrand ernteten zu ihren Amtszeiten den Vorwurf, den alten bonapartistischen Autoritarismus wiederzubeleben. Macron orientiert sich gezielt an den autoritären Handlungsweisen seiner Vorbilder. In den Wirren des Algerien-Kriegs wollte de Gaulle die politische Krise beheben, indem er die Exekutive stärkte. Die 1958 gegründete Fünfte Republik, die Frankreich von einer parlamentarischen Demokratie in ein Präsidialsystem überführte, zeugt davon. De Gaulles Nachfolger wählten einen etwas partizipativeren Regierungsstil; sie verfügten nicht über die Legitimität des Generals. Giscard d'Estaing kritisierte offen de Gaulles «einsame Machtausübung», die er als Ursache willkürlicher und unüberlegter Entscheidungen sah. Dazu gehörte de Gaulles Schiffsreise nach Kanada im August 1967, um vom Balkon des Montrealer Rathauses einer tobenden Menge «*Vive le Québec libre!*» zuzurufen — eine offene Einladung zum Separatismus an das frankophone Québec. Später war es

Mitterrand, der sozialistische Präsident, der die Macht im Élysée-Palast erneut zentralisierte und sich wie de Gaulle die eine oder andere Provokation auf internationalem Parkett erlaubte.

In Macrons Augen ist es kein Zufall, dass de Gaulle und Mitterrand die einzigen Präsidenten der Fünften Republik waren, die das Amt auszufüllen wussten: durch ihre historische Statur, ihren offenen Autoritarismus und gelegentliche Dreistigkeit. Sie galten als intelligent, kompetent und boten den Französinnen und Franzosen «politisches Spektakel» in Form einer One-Man-Show, die sie vom Alltag ablenkte, schreibt der Historiker Jacques Julliard.[48] Und die beiden waren politisch breit aufgestellt. Der Patriot de Gaulle verachtete die Einteilung in links und rechts. Der junge Mitterrand war Mitglied einer rechtsnationalistischen Jugendbewegung, arbeitete nach seiner Flucht aus deutscher Kriegsgefangenschaft für das Vichy-Regime, das mit Nazi-Deutschland kollaborierte, und hielt zeitlebens Kontakt zu Rechtsnationalisten. Beide hatten eine größere Spannweite als ihre politischen Lager. So hat es eine gewisse Tradition, dass sich Macron partout nicht in das Links-rechts-Schema pressen lassen will.

Auch Emmanuel Macron leistet sich die eine oder andere Provokation auf der Weltbühne, wenn er beispielsweise in Anwesenheit von Angela Merkel den deutschen «Fetischismus» für Budgetüberschüsse kritisiert, den «Hirntod» des transatlantischen Verteidigungsbündnisses NATO diagnostiziert oder das demographische Wachstum auf dem afrikanischen Kontinent eine «Zeitbombe» nennt.

Vor allem aber lässt Macron sämtliche Fäden in seinem Büro zusammenlaufen. Der Präsident und sein Stab kontrollieren die Abgeordneten seiner Partei La République en Marche (LREM) aus dem Élysée. Für viele der LREM-Parlamentarier ist es das erste Mandat überhaupt. Der Präsident setzte zahlreiche Vertreterinnen und Vertreter der Zivilgesellschaft ohne politische Erfahrung auf die Kandidatenliste für die Parlamentswahlen im Juni 2017. Menschen «aus dem prallen Leben» und nicht Berufspolitiker sollten ins Parlament. Die angepeilte Revolution beruhte auch auf dem Versprechen eines Austauschs der Eliten. Damit hat Macron sich obendrein ein höriges Parlament verschafft. Die Abgeordneten wissen genau, wem sie ihre Wahl verdanken. Bis heute ist LREM keine wirklich eigenständige Partei, die ihrem Gründer Grenzen setzen könnte. Sarkozy und Hollande mussten auf ihre Parlamentarier Rücksicht nehmen, die oft eine eigene Machtbasis in ihrer Region und in der Partei hatten. Vor allem Hollande hatte bei Reformen größte Mühe, die PS-Fraktion hinter sich zu bringen und damit eine Mehrheit im Parlament zu zimmern.

Macron darf hingegen durchregieren. Der Präsident arbeitet sich manisch in die Dossiers ein, konsultiert Think-Tankerinnen und Altpolitiker oder tauscht sich mit den Stars der Pariser Start-up-Szene aus. Letztlich entscheidet er dann allerdings alles selbst. Ob in Brüssel das französische Veto gegen die Eröffnung der EU-Beitrittsverhandlungen für Albanien aufgehoben wird; ob die Rentenreform das Renteneinstiegsalter unangetastet lässt oder um zwei Jahre anhebt; wer der LREM-Kandidat bei den Bürgermeisterwahlen in Paris sein soll; ob die Pandemie mit einem landesweiten Lockdown bekämpft wird: An Macrons Arbeitstisch sitzt in Personalunion ein De-jure-Staatschef, ein De-facto-Gesetzgeber, ein Parteichef und ein sich laufend fortbildender «Experte für alles».

LA DOCTRINE MACRON

Emmanuel Macron bestimmt Frankreichs Politik und dekliniert sie bis in die Niederungen durch. Der bekennende Fan von Jürgen Habermas, den er persönlich in Berlin getroffen hat, glaubt aber zugleich an die Kraft jener deliberativen Prozesse, die laut dem deutschen Soziologen Erkenntnis schaffen.

Tatsächlich eröffnet sich der Präsident auf diese Weise Handlungsspielräume. Bei Reformen markiert jeweils eine Grundsatzrede den

Auftakt: Er benennt das Problem, definiert die Ziele. Im Rahmen eines straffen Zeitplans werden dann mögliche Maßnahmen zwischen dem zuständigen Minister, dem Premierminister und den Sozialpartnern erörtert. Je nach Thema wird eine Expertenkommission beauftragt, Politikempfehlung zu formulieren. Der seit Jahrzehnten geplante Bau eines Flughafens bei Nantes, der bei Umweltaktivisten auf heftigen Widerstand stößt und zum Politikum wurde, ist ein Beispiel für Letzteres. Sarkozy und Hollande hatten sich vor einer Entscheidung gedrückt, Macron lässt die Zweckmäßigkeit des Projekts in einem Expertenbericht neu bewerten. Ist es in Zeiten des Klimawandels noch zeitgemäß, Flugkapazitäten zu erhöhen? Unmittelbar nach der kurz gehaltenen Beratungs- oder Erörterungsphase entscheidet der Präsident und beendet die Diskussion. «*Droit au but*», «geradewegs aufs Tor», lautet die Losung seines Fußballvereins Olympique Marseille. Sie ist Leitlinie seiner Politik. Der Flughafen bei Nantes wird nicht gebaut. Die Reform der Arbeitslosenversicherung sieht so aus und nicht anders. Ende der Diskussion.

«Es braucht die Horizontale [d.h. die Debatte], aber ich glaube auch an die Vertikalität, wenn es um das Treffen von Entscheidungen geht», befindet Macron. Und fügt hinzu: «Es gibt keine menschliche Organisation ohne die Anerkennung einer Form der Autorität. Das ist die große soziale und politische Frage von 1968: Was ist die legitime Form der Autorität?»[49] Der erste Präsident, der nach 1968 geboren wurde, scheint zu glauben, dass die damalige Revolte nicht viel verändert hat. «Durch die Kirche, den Katholizismus wurde die französische Gesellschaft vertikal geprägt, also von oben nach unten. Ich bin der festen Überzeugung, dass das bis heute so geblieben ist», erklärt Emmanuel Macron im SPIEGEL.

Wenn er den Raum für Konsultationen begrenzt, weckt er den nicht immer von der Hand zu weisenden Eindruck, solche Beratungen seien eher Staffage. Tatsächlich traut er den Beteiligten nicht wirklich zu, aufeinander einzugehen und Lösungen im Sinne des Allgemeinwohls zu finden. Parteien, Gewerkschaften, die Verbände der Wirtschaft, aber auch Nichtregierungsorganisationen betreiben aus Macrons Sicht knallharte Interessenspolitik für ihre Klientel. Sie finden, wenn überhaupt, nur unter größtem Druck zueinander. Wenn Macron erklärt, Frankreich sei «unreformierbar», dann meint er damit, dass Reformen nicht mit Sanftmut und unter Wahrung des sozialen Friedens zu erreichen sind. Welcher Nutzen liegt dann überhaupt in den sogenannten *corps intermédiaires*, den organisierten Interessenvertretungen zwischen Volk und Präsident?

In der Tat kennt Frankreich keine Kompromisskultur, weder in der Sozialpartnerschaft noch in der Politik. Denn ein Kompromiss ist immer auch eine Abkehr von der reinen Doktrin, von der perfekten Idee, und darum faul. US-Außenpolitiker Henry Kissinger, seinerzeit Nationaler Sicherheitsberater, formulierte es 1973 so: «Die Franzosen sind intellektuell und womöglich selbst in ihrer Bildung den Briten überlegen. Aber sie sind — zu doktrinär.»[50]

Auch der Welthistoriker Alexis de Tocqueville sah Frankreichs Problem in der Liebe zur Idee und in der literarischen Ader der politischen Elite. 1856 schrieb er, die politische Sprache sei durchsetzt von «verallgemeinernden Ausdrücken, abstrakten Begriffen, hochgestochenen Worten und literarischen Wendungen».[51] Man habe die «aus der Literatur herrührenden Gewohnheiten in die Politik übertragen». Diese *politique abstraite et littéraire* agiere «in tiefer Ignoranz des praktischen Lebens» und versuche, eine «imaginäre Gesellschaft zu bilden, in der alles einfach, koordiniert, uniform, gerecht und mit dem Verstand im Einklang erscheint», so Tocqueville.[52]

Seit der Revolution von 1789 bevölkern politische Literaten und literarische Politiker Frankreichs Geschichte. Macrons innige Liebe zur Literatur bildet da keine Ausnahme, ebenso wenig sein Kabinett. Finanzminister Bruno Le Maire schreibt am laufenden Band und lässt in seinem Roman *Absolute Musik* die Hauptperson, einen österreichischen Violinisten, seufzen: «In Frankreich halten sich Politiker für Schriftsteller.» Le Maire streitet nicht ab, als Student unter Pseudonym einen Bahnhofsroman inklusive schlüpfriger Szenen veröffentlicht zu haben. Die Erzählung *Wer braucht schon Schlaf?* von Marlène Schiappa, Ministerin für Staatsbürgerschaft, ist in zwölf Sprachen übersetzt worden und beschreibt die Herausforderungen des Frau- und Mutterseins im heutigen Frankreich. Als Ministerin publiziert sie unter dem *nom de plume* Marie Minelli eher praxisorientierte Bücher, wie das 2019 veröffentlichte Sachbuch *Den weiblichen Orgasmus wagen* mit «101 unfehlbaren Tipps, um zu kommen und nochmals zu kommen». Macrons erster Premierminister Édouard Philippe verfasst Politthriller mit Titeln wie *Stunde der Wahrheit* und *Im Schatten.*

All das ist wenig im Vergleich zu de Gaulle. Er ist nicht nur ein Monument der Politik, sondern auch der Schreibkunst. Seine Tausende Seiten starken Memoiren gehören zu den Klassikern der französischen Literatur des 20. Jahrhunderts. Sie beginnen mit einem so sehnsüchtigen wie abstrakten Satz, ganz wie von Tocqueville beklagt: «Mein ganzes Leben lang hatte ich eine gewisse Idee von Frankreich vor Augen.»[53]

Literatur lebt von der Vorstellungs- und Einbildungskraft. Sie erlaubt eine Welt, in der die Idee im Zentrum steht. Franzosen fragen bei einer Rede oder einem Buch, was denn die *idée mère* des Textes sei, frei übersetzt die «Mutter aller Gedanken» in der betreffenden Abhandlung. Der Ausgangspunkt ist der originelle Gedanke, nicht aber die Realität oder eine Bestandsaufnahme.

Neben dieser «Politik der Ideen» läuft das politische Gefüge, das nach dem «*The-winner-takes-it-all*»-Prinzip funktioniert, einer Kompromisskultur zuwider. Steht nach zwei Wahlgängen der Sieger fest (kein Präsident wurde je mit absoluter Mehrheit schon im ersten

Wahlgang gewählt), hat er alle Macht: Warum sollte der Staatschef dann Kompromisse eingehen? Wäre das nicht ein Zeichen von
Schwäche? In der französischen Politik gibt es nichts Schlimmeres,
als als *mou* («weich») zu gelten. Alle Politikerinnen und Politiker und
zumal die Präsidenten wollen Stärke zeigen — vielleicht um wett-
zumachen, dass das Amt eigentlich von Anfang an demokratisch
«schwach» legitimiert war?

François Hollande, dem seine Schwäche oft angekreidet wurde,
versuchte sich des Problems zu entledigen, indem er das Wort um-
deutete. In einer Rede im Élysée erzählte er die Geschichte des
tschechoslowakischen Fußballers Antonín Panenka. Im Europa-
meisterschaftsfinale 1976 gegen Deutschland wählte Panenka einen
äußerst schwachen Heber für den entscheidenden Elfmeter. Tor-
wartlegende Sepp Maier sah dem gefühlt in Zeitlupe auf das Tor flat-
ternden Ball machtlos zu. Hollande sagte mit Verweis auf Panenka:
«Manchmal gelingt den Schwachen die Perfektion, die Subtilität, die
Eleganz und die Überraschung.» Damit hatte Hollande die Lacher auf
seiner Seite, aber mehr auch nicht.

Zudem erschwert die Zersplitterung der Gewerkschaften Kompromisse bei Reformen. Die französische Gewerkschaftsbewegung
unterscheidet sich fundamental von der deutschen: Sie ist schwächer
in der Bevölkerung verankert, und die einzelnen Organisationen sind
untereinander extrem verfeindet. Nur 8,8 Prozent der französischen
Arbeitnehmerinnen und Arbeitnehmer sind organisiert, im Vergleich zu 16,5 Prozent in Deutschland. Vier große Gewerkschaften
liefern sich einen erbitterten Kampf um die Vorherrschaft. Sie über-
bieten sich daher in ihren Positionen. Keine will «einknicken», wenn
sie mit der Regierung verhandelt.

Die Wettbewerbslogik unter den Arbeitnehmervertretern, die
Liebe zum Doktrinären, die Konzentration der Macht und das feh-
lende Kompromissdenken: Aus diesen Gründen setzt Macron auf

vertikale Politik. Und diejenigen, die seine Reformen ablehnen, sind aus seiner Sicht Egoisten, Taugenichtse und Zyniker, die sich der Mehrheit in den Weg stellen. Er weigert sich, je die Argumentationsebenen der Opposition zu betreten. Vielmehr glaubt er an die Überlegenheit der Intelligenz, an die sanfte und manchmal unsanfte Macht des besseren Arguments. Darum erwartet er, dass die Franzosen zu Opfern bereit sind, sofern man ihnen nur richtig erklärt, welchem Zweck das Opfer dient. «Ich habe immer darauf gewettet, dass die Leute intelligent sind. Das hat sich ausgezahlt», rühmt Macron seine Strategie.[54]

Ohne Umschweife erklärte er den Rentnern, die ihn 2017 überproportional stark gewählt hatten, sie müssten höhere Sozialabgaben leisten, um die aktive Bevölkerung zu entlasten. Französischen Ruheständlern geht es im europäischen Vergleich sehr gut, am meisten leidet die arbeitende, untere Mittelschicht. Als sich auch Pensionäre gelbe Warnwesten überzogen, konnte Macron nicht verstehen, warum sie keine Opfer bringen wollten.

2018 wurde der Gendarmerie-Offizier Arnaud Beltrame zum Nationalhelden: Bei einer Geiselnahme durch einen islamistischen Terroristen ließ er sich gegen eine der Festgehaltenen austauschen und wurde wenig später ermordet. «Beltrame ist gestorben, da Frankreich eine Idee ist, Werte repräsentiert, einen Kampf wert ist, der größer ist als wir selbst», würdigte ihn der Präsident. «Diejenigen, die denken, sie hätten das Recht, von einer Tragödie zu sprechen, sobald dies oder das reformiert werden soll …, kennen die Geschichte unseres Landes nicht.»[55] Frankreich feiert nur zu gern seine Helden. Macron aber hat Mühe zu begreifen, dass nicht jeder ein Held sein will.

DIE TECHNOKRATIE-DEMOKRATIE

Ob Wirtschaftsverbände oder Gewerkschaften, NGOs oder Parteien, allen misstraut also Macron: nicht nur, weil sie Partikularinteressen vertreten, sondern auch und erst recht, weil sie die Effizienz staatlichen Handelns mindern. Macron selbst will keinerlei Interessenspolitik machen. Er möchte über den Dingen stehen, ganz nach der Formel einer seiner Lieblingsautoren: «Leben als Bourgeois und denken als Halbgott», das empfahl der Schriftsteller Gustave Flaubert und träumte von der Herrschaft der Weisen und der Poeten. Das Wichtigste sei, «seine Seele in einer höheren Region zu halten, fern des bürgerlichen und demokratischen Schmutzes», schrieb Flaubert 1873 an Laure de Maupassant, die Mutter des berühmten Schriftstellers Guy de Maupassant.

In seinen Reden spannt Macron stets einen weiten historischen Bogen, er schildert die geopolitische Weltlage und versprüht Aktivismus. Mal soll der Kapitalismus radikal transformiert, mal der Sozialstaat des 21. Jahrhunderts erfunden, mal Europas Potenzial zur dritten Weltmacht ausgeschöpft werden. Und: Von seiner hohen Warte aus besteht bei vielen Fragen gar kein Anlass mehr für eine legitime politische Debatte. Denn es gibt Fakten, und es gibt Empirie. Es gilt, die Welt zu akzeptieren, wie sie ist, und das umzusetzen, was funktioniert. «Was vernünftig ist, das ist wirklich; und was wirklich ist, das ist vernünftig», so einer der meistzitierten Sätze Hegels. So ist das für Macron.

Auch hierin knüpft er an eine lange französische Tradition an. Der Glaube, der Staat könne es richten, wenn er von den Intelligentesten im Lande vertikal und nach den Gesetzen der Vernunft geführt wird, ist noch älter als die Republik. Kardinal Richelieu baute in der ersten Hälfte des 17. Jahrhunderts und im Dienste Ludwigs XIII. den Zentralstaat auf, um den königlichen Absolutismus durchzusetzen. Nicht von ungefähr ist es Richelieu, der 1635 die Académie française in Paris gründet und damit die Zukunft der französischen Sprache in die Hände eines Experten-Gremiums legt. Der Vorvater der positivistischen Denkschule, Henri de Saint-Simon, wiederum beeinflusste maßgeblich das revolutionäre und post-napoleonische Frankreich mit seiner Ansicht, eine rationale Verwaltung könne den Platz der Politik einnehmen. Die Wissenschaft eruiert die «Wahrheit» und löst damit die sozialen Konflikte. Am Ende steht eine Technokratie.

Macron hat viele Technokraten in Ministerämter berufen. Seine beiden Premierminister, der Finanzminister, die Verteidigungsministerin: lauter Absolventen der École nationale d'administration (ENA), die Brutstätte der französischen Top-Beamten. Die Republik braucht Macher statt Politiker, ist er überzeugt.

Sein technokratischer Hintergrund und seine Sowohl-als-auch-Politik tragen Macron den Vorwurf der «Entpolitisierung der Politik» ein. Der Präsident erhebe Anspruch auf einen höheren Wissensstand und entziehe sich elegant der politischen Debatte, kritisiert der Philosoph Pierre-André Taguieff.[56] Wenn der Präsident im Namen der Vernunft, der Empirie und des Was-auch-immer-hilft-Prinzips entscheide, umgehe er Verteilungsfragen, die den eigentlichen Kern von Politik ausmachten, halten ihm die Linken vor. Für den konservativen Polemiker und ehemaligen Bildungsminister (2002–2004) Luc Ferry begeht Macron den Fehler, auf dem von ihm eingeschlagenen Mittelweg das demokratische Grundmuster von Position und Gegenposition aufzulösen.

In der Tat gibt Macron an, mit seiner Politik des *en même temps* (gleichzeitig) an einer Synthese von Links und Rechts zu arbeiten und damit die Dialektik zweier Lager aufzuheben. Apolitisch ist er deswegen nicht. Er versucht nämlich, alte und seiner Meinung nach überholte Dialektiken durch neue abzulösen. Ein Beispiel ist die Europapolitik, wo er zu Hause die direkte Auseinandersetzung mit den EU-Gegnern und auf dem Kontinent den Streit mit den Nationalisten geradezu sucht. Macron will Europa zum Kern der politischen Debatte machen und geht ganz anders vor als Bundeskanzlerin Angela Merkel, die jeden Kompromiss vorwegnimmt beziehungsweise schmiedet, noch bevor eine Auseinandersetzung überhaupt stattfinden kann.

Eine treffende Kritik an Macrons vorgeblich ideologiefreien und faktenbasierten Alleingängen lieferte der Soziologe Pierre Bourdieu schon vor Jahrzehnten. Bourdieu erkannte die Gefahr der epistokratischen Politikphilosophie Flauberts, der Herrschaft der Wissenden: «Die Ambition einer Vogelperspektive, der Anspruch, auf die gesellschaftliche Welt einen neutralen, alles umfassenden Blick werfen zu können, setzt einen immensen Optimismus hinsichtlich der Fähigkeiten des durch die alleinige Verstandesfunktion definierten Intellektuellen voraus, wie auch einen immensen Pessimismus in Bezug auf die gesellschaftliche Ordnung.»[57]

An diesem Punkt scheinen die Grenzen von Macrons Politik auf. Der Staat, und werde er von den Fähigsten geführt, kann das Glück einer Nation nicht allein und nicht am Reißbrett entwerfen. Politik ist zuweilen eine Mathematikaufgabe, aber sie erfordert oft den Ausgleich der Interessen. Wie soll eine Gesellschaft neuen Mut fassen, wenn der Präsident der gesellschaftlichen Ordnung misstraut? Vor allem aber: Eine Person kann nicht alles erfassen und schon gar nicht alles allein entscheiden und umsetzen.

KÖNIGSWAHL

Frankreich ist ein Zentralstaat. Der Präsident wird in direkter Volkswahl gekürt. In der Architektur der Fünften Republik sind die demokratischen «*checks and balances*», die in anderen Ländern der Macht der Exekutive Schranken setzen, schwach ausgebildet. Und wenn das Parlament in Präsidentenhand ist, bleibt die Montesquieu'sche Lehre von der Gewaltenteilung an einer Schlüsselstelle pure Theorie. Die Straße übernimmt darum die eigentliche Funktion der parlamentarischen Opposition: der exekutiven Macht Grenzen aufzuzeigen.

Die Wahl des Président de la République ist daher folgenreicher für die Zukunft des Landes als jede Bundestagswahl oder US-Präsidentschaftswahl. Und mehr als die Parteien, die mit Ausnahme der Sozialisten sowieso alle Schaltjahre oder so den Namen wechseln, stehen die Personen im Vordergrund.

Frankreich fällt vor Präsidentschaftswahlen in eine Art Trance. Alle debattieren alles. Journalisten recherchieren dreckige Scoops. Politiker taktieren, lancieren Schmutzkampagnen gegen Wettbewerber, verhandeln Deals und verraten langjährige Weggefährten. Das Spiel ist ein demokratisches Festival und gleichzeitig eine *danse macabre*, ein Totentanz. Auch der politisch Interessierte ist froh, wenn der Spuk vorbei ist, die allgemeine Nervosität entweicht und man sich unter Freunden wieder über andere Themen austauschen kann.

Es ist diese Königswahl, die für Macron am Anfang jeglicher politischen Legitimität steht; 2015 analysiert — und provoziert — der damalige Wirtschaftsminister in einem Interview: «Es gibt in Frankreichs demokratischem Prozess und seiner Funktionsweise einen Abwesenden: den Monarchen. Ich glaube zutiefst, dass die Franzosen seinen Tod nicht wollten. ... Man hat danach versucht, diese Lehrstelle neu zu besetzen: Napoleon, de Gaulle. Doch den Rest der Zeit konnte die französische Demokratie diesen Raum nicht fassen.»[58]

Macrons Credo: Die Franzosen erwarten von ihrem Staatschef, dass er auf dem «verwaisten Thron» Platz nimmt, auf dem de Gaulle als demokratischer König saß. Doch die reale und die imaginierte Machtfülle des Präsidenten ist stets prekär. Macron weiß um die große Freiheit und ebenso große Fragilität, die seinem Amt innewohnt. «Es ist ein Paradox: Die Franzosen wollen einen König wählen.» Sie erteilten ihm alle Befugnisse, sie eröffneten ihm einen riesigen Handlungsspielraum, er solle wirklich Politik machen können. Zugleich aber ist Frankreich, fügte Macron im SPIEGEL-Interview hinzu, ein «Land von königsmordenden Monarchisten». Irgendwo zwischen

Monarchie und Anarchie wollen sie das Oberhaupt «auch jederzeit wieder stürzen können». Selbst de Gaulle musste 1969 nach einem verlorenen Referendum abdanken.

Mit der Vorstellung des starken Mannes an der Staatsspitze — in gaullistischer Tradition mit quasi royalen Aufgaben und Privilegien — steht Macron nicht allein. Die Rechtspopulisten, die Konservativen, aber auch ein Teil der Linken unter Jean-Luc Mélenchon hängen dieser Idee an. Alle Präsidenten seit 1958 wollten Landesväter sein, wohl wissend, dass ihnen dies nicht in gleicher Weise wie Charles de Gaulle gelingen kann. Der Befreier Frankreichs und «Held des Rückzugs» im Algerienkrieg war schon zu Lebzeiten eine Legende. Als er 1970 starb, trauerte sein Nachfolger Georges Pompidou im Fernsehen: «Liebe Franzosen und Französinnen, General de Gaulle ist tot. Frankreich ist nun verwitwet … Er hat dem heutigen Frankreich seine Institutionen, seine Unabhängigkeit, seinen Platz auf der Welt gegeben.»

Macron versucht am stärksten von allen Präsidenten, dem Amt wieder eine gaullistische Gravitas zu verleihen. Von Anfang an setzt er auf eine royalistische Bildsprache. Die Feier am Abend seines Wahlsiegs am 7. Mai 2017 inszeniert er vor der Pyramide des Louvre-Museums, der einstigen Stadtresidenz der französischen Könige. Endlose vier Minuten dauert der einsame Gang des neu gewählten jungen Politikers im wehenden nachtblauen Mantel vom Eingangstor zur Bühne, die vor der gläsernen Pyramide steht. Das Ganze grenzt an das Zeremoniell einer Selbstkrönung, begleitet von Ludwig van Beethovens *Ode an die Freude*. Die Europa-Hymne verdeutlicht: Hier betritt jemand auch die europäische Bühne.

Macron spielt mit den Insignien seiner Macht. Er verbringt die Augustferien auf der präsidialen Sommerresidenz Fort Brégançon und lädt Angela Merkel oder die damalige britische Premierministerin Theresa May ein, ihn an der Côte d'Azur zu besuchen. Hollande und

Sarkozy hatten den Ort gemieden, sie machten lieber Urlaub auch von allem Offiziellen.

Schloss Versailles, die Bleibe des Sonnenkönigs Ludwig XIV. im Westen der Hauptstadt, sucht sich Macron ebenfalls als Schauplatz aus. Kommt der russische Präsident Wladimir Putin zum ersten Besuch, empfängt Macron ihn dort mit allem Pomp. Bei Amtsantritt kündigt der Staatspräsident an, einmal im Jahr vor den beiden Parlamentskammern, der Nationalversammlung und dem Senat, eine Rede zur Lage der Nation halten: in Versailles. Macron schreitet ernsten Blicks und wieder einmal allein in den Saal, gesäumt von 22 republikanischen Garden mit gezogenem Säbel und langen Pferdemähnen am Helm. 2017 beginnt er seine anderthalbstündige Rede mit dem Satz: «Ich will heute von dem Mandat sprechen, das uns das Volk gegeben hat.»

Macron spielt mit der Kraft von Symbolen. Er hat keine Angst vor dem pathetischen Wort. Der Schriftsteller Régis Debray, der an der Seite Che Guevaras in Bolivien kämpfte, sagt: «Jede Dominanzlogik ist abhängig von einer Logistik der Symbole.»[59] Macron bedient sich dieser Logistik, er will der Macht eine Aura verleihen. Die Republik und das Präsidentenamt müssen erneut zum beinahe sakralen Ort werden, der die Französinnen und Franzosen an die Politik glauben lässt.

DER GESCHICHTENERZÄHLER

Für Emmanuel Macron ist die Präsidentschaft nicht nur ein politisches, sondern gleichsam ein theologisches Amt. Er sieht sich regelrecht zur Sinnstiftung beauftragt: «Ich glaube fest daran, dass das moderne politische Leben den Sinn für das Symbolische wiederentdecken muss», sagt er dem SPIEGEL. Bei anderer Gelegenheit zitiert er den Poeten und Philosophen Paul Valéry: «Jede soziale Gemeinschaft braucht Fiktionen.» Wenn die Franzosen zerstritten, besorgt und pessimistisch seien, dann weil sie aufgehört hätten zu glauben, und die Politiker es aufgegeben hätten, die «große Erzählung» der Republik weiterzuspinnen. Das sei fatal für die Republik, die in erster Linie eine Idee und ein Wagnis ist, argumentiert Macron.

Entsprechend bekräftigt der Präsident seine Ablehnung der Postmoderne; sie sei «das Schlimmste, was unseren Demokratien passieren konnte. Diese Idee, man müsse alle großen Erzählungen dekonstruieren, kaputt machen, ist keine gute. Seither wird allem und jedem misstraut.» Und «was soll eigentlich dieser Hass auf die sogenannte große Erzählung?», fragt er. Es lauere nicht zwangsläufig etwas Böses im Großen. Die Weltgeschichte beweise, dass Fortschritt möglich sei. Die Gesellschaft müsse «sich von dem Geist der Niederlage befreien und die Opferhaltung aufgeben».[60] Macron weiter: «Die Franzosen sind unglücklich, wenn die Politik sich auf das Technische oder auf politische Spielereien beschränkt. Sie mögen Geschichten. Ich bin der lebende Beweis!»[61]

Hier bezieht sich Macron auf Jean-François Lyotard, der 1979 in seinem Schlüsseltext *Das postmoderne Wissen* «das Ende der großen Erzählung» verkündet hatte: Die Grenzen der wissenschaftlichen Methoden würden offensichtlich; angesichts dessen sei die Erzählung der Aufklärung, wonach Fortschritt und die Emanzipation des Menschen durch Vernunft möglich sei, nicht länger glaubwürdig, erklärte der Philosoph und Literaturtheoretiker.

Doch mit der Beerdigung des Aufklärungsversprechens, dem Verzicht auf diese gemeinsame gesellschaftliche Erzählung und vor allem mit den politischen Konsequenzen der Abkehr von *Les Lumières* (wie die Aufklärung auf Französisch heißt) will sich Macron nicht abfinden. Der einstige Philosophiestudent ist da ganz nahe bei seinem Lehrmeister Paul Ricœur. Macron arbeitete zwei Jahre als Assistent an der Schlussredaktion von Ricœurs testamentarischem Werk *Gedächtnis, Geschichte, Vergessen* mit. Von ihm übernimmt Macron eine Grundüberzeugung, die ihn von den meisten europäischen Regierungs- und Staatschef unterscheidet: Er will ideologische Arbeit leisten.

Der 2005 verstorbene Ricœur schrieb 1967: «Ideologie hat auf drei Ebenen, der Verzerrung, Legitimation und Symbolisierung, eine fundamentale Funktion: strukturieren, konsolidieren und dem Handeln Ordnung geben.»[62] Ja, Narrative und Ideologien verzerrten und vereinfachten die Realität. In jeder Geschichte schwinge die Kunst der Verkürzung, Überzeichnung, Auslassung und Verschönerung mit. Aber für Ricœur sind es erst diese Geschichten, die eine verbindende Identität und ein Gemeinwesen zwischen den Einzelmenschen zu bilden vermögen und damit das Handeln und den sozialen Wandel ermöglichen.

Es bedürfe also der Ideologie als «strukturierendes Element» moderner Demokratien. Die Arbeit am Narrativ und an der Ideologie müsse Teil des politischen Denkens und Handelns sein. Vernachlässige man diesen Aspekt, werde die Gesellschaft fragmentiert, ja zerstört. Cioran formulierte es so: «Wann fängt eine Zivilisation an zu verfallen? Wenn die Einzelnen anfangen, zur Einsicht zu kommen; wenn sie nicht mehr Opfer der Ideale, der Glaubensvorstellungen sein wollen. … Nichts ist gefährlicher als der Wille, nicht betrogen zu werden.»[63]

In Deutschland sind Ideologien Teufelszeug. Sie haben das Land und mit ihm ganz Europa und die Welt in die Katastrophe gestürzt. Anders in Frankreich, und Macron will das Ideologische wiederbeleben. «Unsere Gesellschaft braucht gemeinsame Erzählungen, Träume, Heroismus», betont er. Das Terrain der Ideologie neu zu besetzen und das Hohelied der Republik zu singen, ist für ihn umso dringender, als er die Ideale der Aufklärung und damit das demokratische Projekt in Gefahr sieht.

Islamistischer Terrorismus, der globale ungezügelte Kapitalismus, die aus den Vereinigten Staaten herüberschwappende Identitätspolitik und «*Cancel Culture*»: All dies spalte die Menschen, stelle die Werte der Republik infrage und gefährde die freie Gesellschaft. Höchste Zeit, dass «die heutigen politischen Debatten nicht nur wirtschaftliche und soziale, sondern auch kulturelle und spirituelle» seien, ordnet die Philosophin Blandine Kriegel Macrons Denken ein.[64]

Neben der weihevollen Inszenierung seiner Präsidentschaft versucht Macron, die republikanische «große Erzählung» vor allem mit einer Heldenpolitik fortzuschreiben. Helden erfüllen für ihn eine zentrale anthropologische Funktion. Deren Feier schenkt den Franzosen seltene Momente der Einheit und festigt die Praxis der religiösen Überhöhung der Republik.

Für die im Kampf umgekommenen Soldatinnen und Soldaten lässt Macron Gedenkveranstaltungen im Hof des altehrwürdigen Hôtel des Invalides mitten in Paris abhalten. Macron preist in Trauerreden die «héros nationaux» und zieht damit die ganze mediale Aufmerksamkeit auf die Gefallenen und die Republik. Den Mitgliedern der Fremdenlegion (insgesamt 9 500) verleiht er persönlich die Staatsangehörigkeit, die sie nach drei Jahren Dienst einfordern können oder wenn sie für die Republik «Blut vergossen» haben (im Fall einer Verwundung).

Nicht nur Soldaten sind Helden. Ein ohne Aufenthaltsgenehmigung in Paris lebender Malier rettet in einer spektakulären Kletteraktion ein Kleinkind, das vom vierten Stock zu stürzen droht — und wird ins Élysée geladen, erhält die Staatsangehörigkeit und eine Stelle bei der Feuerwehr. Geehrt werden drei Seenotretter, die beim Versuch ums Leben kommen, in einem tosenden Meeresturm Fischer zu bergen, oder der Pilot eines Löschflugzeugs, der bei einem Einsatz gegen einen Flächenbrand stirbt. Pflegekräfte und Ärzte, die in der Pandemie im Einsatz stehen, erhalten Lohnerhöhungen, denn auch sie sind Helden der Republik.

Das Erneuern der Heldenkultur sieht Macron auch als Vorstoß im Kampf gegen den islamistischen Fundamentalismus. «Warum gehen junge Leute aus den Vororten nach Syrien? Weil die Propagandavideos im Internet die Terroristen als Helden porträtieren. Weil sie das Gefühl haben, damit einer Sache zu dienen, die ihren Durst nach Engagement stillt. … Unsere Gesellschaft braucht gemeinsame Erzählungen, Träume, Heldentum, damit diejenigen nicht ihre Erfüllung im Fanatismus und im Todestrieb finden.»

All das wirft die Frage auf, ob Macron nicht wie Don Quijote gegen Windmühlen kämpft. Sind die Franzosen nicht schon zu oft enttäuscht worden, um dem Präsidenten bei diesem Aufbäumen zu folgen? Heinrich Heine schrieb schon 1841: «Frankreich ist nicht ewig … Auf seiner glatten Stirn lagern sich diverse Runzeln, das leichtsinnige Haupt bekommt graue Haare, senkt sich sorgenvoll und beschäftigt sich nicht mehr ausschließlich mit dem heutigen Tage — es denkt auch an morgen.» Cioran sah seine Wahlheimat 1941 ebenfalls als verloren an. Frankreich «hat Ideale geschaffen und sie verschlissen, sie bis zum Ende durchlebt, bis hin zum Ekel». Das Land sei «klarsichtig» geworden, nicht mehr zum Glauben fähig und könne sich daher nur noch im Zynismus ausruhen.

Doch dasselbe Frankreich widerlegte die Pessimisten immer wieder. Heine sah nicht die *Belle Époque* nahen, die wirtschaftliche Blüte, die das Land dank der zweiten Welle der industriellen Revolution und der kolonialen Expansion erlebte. Und nach der Demütigung des Zweiten Weltkriegs folgten die *Trente Glorieuses*, die 30 glorreichen Wirtschaftswunderjahre nach 1950.

Die Niederlage gegen das nationalsozialistische Deutschland und Frankreichs Mittäterschaft wurden verdrängt. Stattdessen überhöhte Charles de Gaulle die *Résistance*, den Widerstand gegen die deutsche Besatzung, und ließ die Bürgerinnen und Bürger den einfachen Traum von Wohlstand, Vollbeschäftigung und Konsum träumen. Frankreich war nicht länger Kolonialmacht, Paris in der Weltpolitik ähnlich bedeutend (oder unbedeutend) wie heute. Doch die Franzosen waren mehr oder minder zufrieden. Gelingt auch Macron eine solche Trendwende?

4

MACRONS DRITTER WEG

*Wessen Vorhaben anders sind, soll
nicht staunen, wenn er zunächst auf
Unverständnis stößt.*

— BORIS VIAN

«Ach, wer an den Tod denkt, ist schon halb gestorben», schrieb Heinrich Heine 1841 über die Franzosen, die mit Sorge in die Zukunft blickten.[65] Wenn Emmanuel Macrons Wahlkampagne 2017 ein übergeordnetes Thema hatte, dann den Kampf gegen die gedrückte Grundstimmung — und das trug ihm den Sieg ein. Schriftsteller Michel Houellebecq rieb sich verwundert die Augen: «Sein Wahlkampf war verblüffend. Es ist wirklich das erste Mal, dass ich gesehen habe: Positives Denken funktioniert.»[66]

Macron blendete den Pessimismus der Franzosen nicht aus, sondern nutzte ihn vielmehr als Sprungbrett für einen Hoffnungswahlkampf. Dabei zeichnete er wie seine Konkurrenten ein düsteres Bild Frankreichs: wirtschaftlich im Hintertreffen, sozial gespalten, geopolitisch unbedeutend. Verzweiflung und Angst nähmen überhand, für halbe Sachen sei keine Zeit mehr. Schaffe man jetzt die Wende nicht, komme in fünf oder zehn Jahren die Rechtspopulistin Marine Le Pen an die Macht. Das Land schlafwandele in die Katastrophe.

Allerdings stach Macron dadurch hervor, dass er die Französinnen und Franzosen selber für ihr *malheur* verantwortlich machte. «Wir sind eingenommen von unseren traurigen Leidenschaften, dem Neid, dem Misstrauen, der Zwietracht und einer gewissen Art der

Kleinlichkeit», klagt er in *Révolution*,[67] das als sein persönliches Manifest zum Wahlkampf erscheint. Das vorrangige Problem sei nicht die EU oder der globale Kapitalismus, sondern dass sich das Land der «realen Welt» verweigere und lieber in einer «Opferhaltung» verharre. Das koste nicht nur Arbeitsplätze und Wohlstand. Es hindere Frankreich auch daran, auf die Herausforderungen der Globalisierung, des Klimawandels und der Ungleichheit zu antworten und die Welt im französischen Sinne zu beeinflussen. «Sich der Realität der Welt zu stellen, wird es uns erlauben, wieder Hoffnung zu schöpfen», lautet der erste Satz von *Révolution*.[68]

Diejenigen zu kritisieren, deren Stimmen man gewinnen will, ist ein gewagtes Manöver. Aber es sprach die Franzosen mit ihrem Faible für Selbstkritik an. Den Versprechen des Kandidaten Macron verlieh solche Introspektion viel Glaubwürdigkeit. Liegt der Fehler bei einem, kann man ihn selbst beheben. Man hat das Schicksal in der eigenen Hand. Und schließlich war Macron virtuos darin, seine Frankreich-Kritik mit einer großen Portion Elitenkritik zu garnieren.

Eliten-*bashing* à la Macron geht so: Die Rechte setze auf Nationalismus, obwohl nationale Souveränität de facto längst illusorisch sei. Die Linke wolle die Marktwirtschaft falls nötig im Alleingang domestizieren, obwohl sich dies nicht per Beschluss der Nationalversammlung befehlen lasse, wie bereits Mitterrands Präsidentschaft gezeigt habe. Das «politische Establishment» rechts wie links verweigere sich mit seinen Politikkonzepten also schlicht der Realität. Die französische Politik habe damit ihre Gestaltungsmöglichkeiten preisgegeben und sich stattdessen darauf beschränkt, über Migrationspolitik zu streiten und Nullsummenkonflikte auszutragen. Die Konservativen wollten den Sozialabbau, um Steuersenkungen zu finanzieren, die Sozialisten Steuererhöhungen, um den Sozialstaat auszubauen. Politik sei aber kein Kampf zwischen Arm und Reich, zwischen Franzosen und Ausländern, trumpft an dieser Stelle Präsidentschaftskandidat Macron auf, sondern zwischen Volk und Elite.

Das formvollendete Produkt des Elitenbildungssystems präsentiert sich als Kämpfer gegen das «alte System», gegen die Parteienkartelle, die seit je die Macht unter sich aufteilten. Seien die Eliten erst einmal beiseitegeschoben und werde Politik vom Ergebnis her statt ideologisch gedacht, könnten alle wieder gewinnen: Arbeitnehmer und Arbeitgeber, Einheimische und Einwanderer. Mehr noch: Alle könnten den «Optimismus und die Lust am Wagnis wiederentdecken».[69]

Macrons liberales Versprechen eines Dritten Wegs zwischen links und rechts ermöglicht ihm den magischen Spagat, der für den Gewinn der französischen Präsidentschaft zu vollführen ist: den Status quo zurückzuweisen und zugleich vorzugeben, den Faden einer langen Kontinuität der Republik weiterzuspinnen; die Unzufriedenheit der Franzosen und ihre Lust am Bruch anzusprechen und zugleich ihre Angst vor Chaos und ihre Sehnsucht nach Beständigkeit zu bedienen. *Make France Great Again*. Das ist das Versprechen.

KEIN GERHARD SCHRÖDER

In Frankreich drehte sich die wirtschaftspolitische Debatte lang um die «Agenda 2010» des damaligen Bundeskanzlers Gerhard Schröder. Sollte Frankreich Deutschland imitieren oder nicht, das war die Gretchenfrage. Ja, denn Berlin zeige, wie Arbeitslosigkeit bekämpft werden könne, sagten die Rechten. Nein, Schröder habe nur Armut erzeugt, sagten die Linken. Der *Big Bang* an Wirtschaftsreformen, die Macron zu Beginn seiner Amtszeit in Angriff nimmt, durchbricht dieses Schema. Zwar verfolgt der Präsident wie damals Schröder das Ziel, die Wirtschaft wieder «wettbewerbsfähig» zu machen. Doch in der Wahl der Instrumente und im Umgang mit den sozialen Folgen unterscheiden sich diese Reformer grundlegend.

Schröder setzte auf niedrigere Lohnkosten für die Unternehmen, sprich: auf stagnierende Löhne, um im Preiswettbewerb gegenüber der weltweiten Konkurrenz zu bestehen. Wenn Exporte und Profite wieder stiegen, würden die Unternehmen wieder investieren und besser bezahlte Arbeitsplätze schaffen, lautete die Strategie, deren Umsetzung auf zwei Säulen gründete: der Lohnzurückhaltung im Einvernehmen mit den Gewerkschaften sowie Leistungskürzungen der Arbeitslosen- und Sozialversicherung. Schröder setzte auf die Wiederbelebung der Industrie und auf die Bekämpfung der Arbeitslosigkeit um den Preis der Entstehung eines Tieflohnsektors. Die Wette ging während der langen Kanzlerschaft Angela Merkels auf — nur dass die Neuinvestitionen deutscher Konzerne trotz ihrer Rekordgewinne verhältnismäßig gering blieben.

Macron aber ist klar, dass eine solche Politik westlich des Rheins keine Chance hätte. Frankreichs untere Mittelklasse würde eine zeitweilige Verarmung wie in Deutschland nicht akzeptieren und buchstäblich auf die Barrikaden gehen. Stattdessen entwirft der Präsident eine Frankreich-kompatible Strategie, die ebenfalls an zwei Hebeln ansetzt.

Erstes Ziel seiner Reformpolitik ist, durch Abbau des Arbeitnehmerschutzes und Umbau der Arbeitslosenversicherung den statischen Arbeitsmarkt wieder in Schwung zu bringen. Denn die Beschäftigten teilen sich in zwei Lager. Auf der einen Seite stehen die Arbeitnehmer mit unbefristetem Vertrag, einem sogenannten CDI (*Contrat à durée indéterminée*). Ihre Löhne sind passabel, ihre Renten sicher. Der starke Kündigungsschutz macht es für die Unternehmen teuer, ihre Belegschaft zu verringern. Auf der anderen Seite sind alle Beschäftigten mit befristeten Verträgen und die Selbstständigen vollkommen dem Markt ausgesetzt. Wer einen CDI ergattert, feiert das mit Champagner, die Eltern prahlen erleichtert: Die Tochter oder der Sohn hat sein *trou* (Schlupfloch) gefunden. Diesen

Job behält man, selbst wenn nach ein paar Jahren Langeweile ein-
kehrt und die Firma mangels Wachstums wenig Aufstiegschancen
bietet. Denn wer kündigt, hat kein Anrecht auf Arbeitslosengeld.
Einen neuen Job mit ähnlichen Konditionen zu finden, ist schwierig.
Firmen zögern selbst in Boom-Zeiten, CDI-Verträge abzuschließen.
Zudem sind die Franzosen nicht gerade risikofreudige Abenteurer,
sondern eher vorsichtige (Sparquote: 15 Prozent), familienfreundliche
(Geburtenrate: 1,9 Kinder pro Frau) Häuslebauer (Wohneigentums-
quote: 65 Prozent).

Auf dem Arbeitsmarkt herrscht angsterfüllter Stillstand, seit Jahrzehnten. Stellen werden gestrichen oder ins Ausland verlagert. Die
Privilegierten mit CDI bleiben auf ihren Posten sitzen, selbst wenn
sie kreuzunglücklich sind. Und die Jüngeren sind arbeitslos. 2019
waren 19,2 Prozent der 15- bis 24-jährigen Franzosen ohne Arbeit, im
Vergleich zu 5,7 Prozent in Deutschland. Jene, die einen Job finden,
hangeln sich oft von einem Kurzvertrag zum nächsten in der Hoffnung, eines Tages einen CDI zu unterschreiben.

Diese Reise-nach-Jerusalem-Logik des Arbeitsmarkts versucht
Macron zu durchkreuzen, indem er Unternehmen und Arbeitnehmern mehr Freiheiten lässt. Zum einen lockert er den Kündigungsschutz: Die Kosten einer Entlassung festangestellter Mitarbeiter fallen
deutlich. So sparen Unternehmen Geld. Ihre Hemmschwelle, neue
Arbeitskräfte einzustellen, soll sinken. Zum anderen erhalten Arbeitnehmer nach fünf Jahren Anstellung einen Anspruch auf Arbeitslosengeld, wenn sie ihre Stelle selbst kündigen, um eine eigene Firma zu
gründen oder eine Umschulung zu absolvieren. Macrons Regierung
investiert massiv in die Weiterbildung.

Nach demselben Prinzip des *en même temps* — Macrons Idee der
Gleichzeitigkeit von Liberalisierung und Schutz — reformiert er
auch die Arbeitslosenkasse. Der Präsident senkt insgesamt die mo-
natlichen Leistungen, am stärksten die für vormals gut Verdienende

(4 500 Euro monatlich und mehr), während er die vormals wenig Verdienenden schont. Im Gegenzug wird die Mindestbezugsdauer verlängert. Der Fall des Einkommensniveaus soll arbeitslose Franzosen zu rascher Jobsuche animieren, aber der längere Bezugszeitraum will *en même temps* die Existenzängste lindern. Die Reform ist kostenneutral und rüttelt nicht am französischen Modell einer Arbeitslosenversicherung, die großenteils vor Armut schützt. In Frankreich leben nur 37 Prozent der Arbeitslosen unter der Schwelle der Armutsgefährdung, die bei 60 Prozent des Median-Einkommens liegt. In Deutschland liegt dieser Wert bei 69,4 Prozent.[70]

Mit der Neuausrichtung des Arbeitsmarkts und der Arbeitslosenversicherung geht die Dezentralisierung der Sozialpartnerschaft gemäß deutschem Modell einher. Verhandlungen zu Arbeitsbedingungen, Arbeitszeiten und Löhnen werden von der nationalen auf die Unternehmensebene verlagert. Indem sich der Staat zurückzieht, sollen Arbeitskonflikte entpolitisiert werden, hofft Macron. So entstünde mehr Raum für firmenspezifische Lösungen und den Aufbau eines Vertrauensverhältnisses zwischen Arbeitgebern und -nehmern, die sich kaum über den Weg trauen.

Zugleich verfolgt der Präsident das Ziel, Frankreich wieder zu einem attraktiveren Standort für Unternehmen zu machen, um Arbeitsplätze zu schaffen. Wie Schröder vor ihm sieht er die Senkung der Arbeitskosten als den zentralen Hebel, doch die Regierung mutet den Beschäftigten keineswegs einen Gehaltsverzicht zu. Im Gegenteil: Macron kollektiviert die Kosten, indem der Staat die Rechnung begleicht. Konkret reduziert er den auf die Löhne zu leistenden Sozialversicherungsbeitrag für Arbeitgeber wie für Arbeitnehmer. Dieser Schritt erlaubt es, die Lohnstückkosten eines Mindestlohnarbeiters unter das deutsche Niveau zu drücken und *en même temps* dessen Realeinkommen 2018 um 43 Euro pro Monat und 2019 um weitere 60 Euro zu erhöhen.[71]

Paris imitiert Berlin *à sa façon* auch in der Steuerpolitik für Unternehmen und für Reiche — in der Hoffnung, dass sich diese mit Investitionen revanchieren werden. Macron führt eine *flat tax* von 30 Prozent auf Kapitalerträge wie Aktiendividenden ein. Der damalige SPD-Finanzminister Peer Steinbrück hatte dies bereits 2009 mit einer *flat tax* von 25 Prozent getan und argumentierte: «25 Prozent Steuern auf einen Betrag von X sind besser als 42 Prozent auf gar nichts.»[72] Macron seinerseits befreit finanzielle Anlagen wie Aktien und Obligationen von der Vermögenssteuer; sie ist nur noch auf das Eigentum an Immobilien zu zahlen. (Deutschland hatte die Vermögenssteuer auf Immobilien wie auf Kapitalanlagen bereits 1997 beerdigt.) Und der Präsident kündigt an, die Unternehmenssteuern von 33,3 Prozent bis zum Ende seines Mandats auf 25 Prozent zu verringern. In Deutschland liegt der Steuersatz bei rund 30 Prozent, der EU-Durchschnitt bei 21,5 Prozent.[73]

Die Opposition geißelt die Steuermaßnahmen als «Geschenk» an die Reichen. Nicht zu Unrecht: 2018 gingen zwei Drittel der Dividendenausschüttungen an die reichsten 0,1 Prozent der Haushalte.[74] Aber im europäischen Kontext bleibt Frankreich auch nach Macrons «Gaben» ein Hochsteuerland. Das weiß der Präsident. Um das zu vertuschen, begleitet Macron den Politikwechsel mit einer umso offensiveren Kampagne in der Öffentlichkeit. Wie ein Jungunternehmer auf Investorensuche geht er auf *Road Show*. Im US-Technologie-Magazin *Wired* oder in der Kapitalistenbibel *Forbes* preist er sein Land als «Start-up-Nation». Vor dem Weltwirtschaftsforum in Davos lädt Macron jedes Jahr die globale Wirtschaftselite nach Versailles auf die «Choose-France»-Konferenz. Google, Samsung, Goldman Sachs oder Toyota: Macron trifft die Bosse zum persönlichen Gespräch und versucht, ihnen vor der atemberaubenden Kulisse der Schlachtengalerie des Palastes Investitionsversprechen abzuringen.

Diese Doppelstrategie aus Liberalisierungs- und Standortpolitik, mit der «Macron-Show» als Sahnehäubchen, funktioniert erstaunlich gut. 2018 verkündet er in Davos: «*France is back!*», und niemand schmunzelt. Die ausländischen Investitionen steigen kontinuierlich, 2019 ist Frankreich diesbezüglich Spitzenreiter in Europa, vor Deutschland und Großbritannien.[75] Bis zum Beginn der Coronavirus-Pandemie sinkt die Arbeitslosenquote, von 9,5 Prozent im April 2017 auf 8,1 Prozent im Februar 2020. Macron hat es — auch dank Liberalisierungen zum Ende der Präsidentschaft Hollandes — geschafft, eine moderate, aber durchaus Fahrt aufnehmende Dynamik loszutreten. Und dies ohne Tieflohnsektor. Da ist er Schröder haushoch überlegen.

Ob die Franzosen das neue Gefüge der Sozialpartnerschaft annehmen und es zu mehr Mit- statt Gegeneinander kommt, ist noch offen. Die Gewerkschaften torpedieren die Umsetzung der Reformen. Dass sie stärker mit den einzelnen Unternehmen statt auf nationaler Ebene verhandeln sollen, schwächt sie. In vielen Firmen sind die Gewerkschaften kaum vertreten. Dass sie nur zögerlich mitspielen, ist aber auch Macrons Schuld. Er hat die Reformen im Sommer 2017 herrisch verfügt. Sozialpartnerschaft kann aber selbst der Oberboss nicht einfach verordnen, sie muss von den Partnern gewollt werden.

Trotzdem scheint sein Plan aufzugehen. 2018 überholt Frankreich Deutschland beim Wachstum des Bruttoinlandprodukts (BIP) und hängt es 2019 sogar ab: 1,5 Prozent gegenüber 0,6 Prozent Wachstum. Mit der Zeit würden die Reformen ihre volle Durchschlagskraft entfalten, und bei Beginn der Kampagne für die Wiederwahl 2022 würde Macron als Bezwinger der Arbeitslosigkeit und Entfesselungskünstler der französischen Wirtschaft dastehen — so die Rechnung. Doch ganz so einfach geht sie nicht auf.

STEUERAKROBATIK

Emmanuel Macrons Wirtschaftspolitik hat einen großen Haken: Sie kostet Geld. Das wäre eigentlich nicht weiter schlimm. Gemäß Ökonomielehrbuch darf man Reformoffensiven durch Schulden finanzieren, so machte es auch Schröder. Doch Macron beharrt auf einer neuen rigorosen Haushaltspolitik. Warum? Um Berlins Vertrauen zurückzugewinnen.

Seit der globalen Finanzkrise 2008 hat sich Paris nicht mehr an die Regel in der Eurozone gehalten, die Neuverschuldung auf höchstens drei Prozent der jährlichen Wirtschaftsleistung zu begrenzen. In Deutschland sorgt man sich über den französischen Schuldenberg (2019 sind es 98,1 Prozent des BIP). Eine Währungsunion ist wie eine Heirat mit Gütertrennung, die Schulden des Partners sind nicht automatisch auch die eigenen, aber immerhin hat man dieselbe Bank. Wenn Frankreich pleiteginge, träfe das die Europäische Zentralbank und letztlich den Euro.

Dieses Horrorszenario bleibt zum Glück theoretisch und spekulativ. Real und gesichert ist hingegen der Vertrauensverlust in der Bundesrepublik, den sich die Französische Republik durch ihren dauernden EU-Regelverstoß eingehandelt hat. Wie kann Paris von Berlin erwarten, die Haushaltskasse zusammenzulegen, wenn man sich heute schon nicht mehr an die vereinbarten Regeln hält? Mit diesem unterschwelligen Vorwurf hat Bundeskanzlerin Angela Merkel missliebige Pariser Vorschläge zur Weiterentwicklung des Euros, wie zum Beispiel ein Haushaltsbudget für die Eurozone oder eine gemeinsame Verschuldung durch Eurobonds, routiniert abblitzen lassen.

Den Staatshaushalt wieder EU-kompatibel zu machen, ist also der saure Apfel, in den Macron beißen zu müssen glaubt. Solange die Eurozone keine gemeinsame Fiskalpolitik verfolgt, wird der Kontinent zu keiner Wachstumsperspektive finden, fürchtet der Präsident.[76] Auf eine abermalige Finanzkrise können überschuldete Länder wie Italien nur mit einer noch rigoroseren Sparpolitik reagieren. Rom praktiziert seit gut einem Jahrzehnt eine «Austeritätspolitik», aber bleibt in der Schuldenfalle gefangen. Die Schulden sind so hoch, dass sich die Italiener selbst mit rigorosem Sparen nicht aus dem Schuldenturm befreien können. Das Italien-Dilemma zieht Europas Wachstum dauerhaft nach unten. Und was für Paris noch wichtiger ist: Geht es Italien schlecht, sorgen sich die Finanzmärkte wieder einmal um die Zukunft des Euro und verlangen vor allem von Frankreich — weniger von Deutschland — höhere Zinsen für ihre Staatsanleihen. Steigen die Finanzierungskosten, steht plötzlich auch Macron mit dem Rücken zur Wand.

Die deutsche Bundeskanzlerin muss also vom Umbau der Währungsunion überzeugt werden. Das steht für Frankreichs Präsidenten, der die Griechenlandkrise als François Hollandes Wirtschaftsberater aus nächster Nähe miterlebte, außer Zweifel. Nach seinem Amtsantritt am 14. Mai 2017 lässt Macron sofort den Haushalt für das laufende Jahr abändern, damit die Neuverschuldung genau die magische Zahl von 3 Prozent des Bruttoinlandprodukts trifft. 2018 liegt sie bei 2,3 Prozent und 2019 wieder bei 3 Prozent. Bis zur Pandemie hält Macron das Staatsbudget im EU-Rahmen.

Die auf Deutschland angelegte «Budgetumgarnungspolitik» Macrons entpuppt sich trotzdem als Fehlschlag: Berlin macht dem sparsamen Musterschüler Macron kaum Zugeständnisse bei seinen europapolitischen Plänen. Kurzfristig fataler ist aber, dass seine Politik der Senkung von Sozialversicherungsbeiträgen und Kapitalsteuern eine Gegenfinanzierung erfordert, wenn er gleichzeitig die 3-Prozent-Marke einhalten will. Das Bündel dieser Finanzierungsmaßnahmen löst die Gelbwesten-Bewegung aus, die das Land im Winter 2018–19 an den Rand des Chaos bringt und den Präsidenten zwingt, eine Reformpause einzulegen.

Einerseits hat Macron auf Budgetkürzungen gesetzt: Er verordnet den Beamten Lohnstagnation und kürzt die Wohnbeihilfen für Geringverdiener um 60 Euro pro Jahr. Den Löwenanteil treibt Macron andererseits durch Steuererhöhungen ein. Die Sozialabgaben auf Pensionen (Kleinrenten ausgenommen) hebt er um 1,3 Prozent an, und er setzt die Anpassung an die Inflation aus. Damit streicht der Präsident das Realeinkommen von fast 16 Millionen Rentnern zusammen. Den Pensionären, die 2017 seine größte Wählergruppe bildeten, sagt er unumwunden, sie müssten vorübergehend ein Opfer für den Kampf gegen die Arbeitslosigkeit leisten. Ihnen gehe es ja relativ gut. In der Tat: «Nur» 7,3 Prozent der französischen Rentner leben unter der Armutsgrenze, im Vergleich mit 18,7 Prozent in Deutschland.[77] Um das Problem der Rentenarmut anzugehen, erhöht Macron *en même temps* die Mindestrente, die von gut 430 000 beansprucht wird, über drei Jahre um insgesamt 100 Euro monatlich.[78]

Den anderen großen Brocken soll die Erhöhung der Öko-Steuer auf Benzin und Diesel um 11,5 Prozent stemmen. Finanzminister Bruno Le Maire erklärt, das setze Anreize zum Umstieg auf klimaverträgliche Verkehrsmittel; die Einnahmen würden zur Finanzierung der Energiewende verwendet, beispielsweise als Subventionen beim Kauf von Elektroautos. Doch das war nur etwas mehr als die halbe Wahrheit. 45 Prozent der Öko-Steuer fließen in die Staatskasse.[79] Und die Steuer trifft am härtesten jene Französinnen und Franzosen mit kleineren und mittleren Einkommen, die außerhalb der Ballungszentren leben. Frankreich hat eine fast doppelt so große Fläche wie die Bundesrepublik, jedoch mit bloß vier Fünfteln der deutschen Bevölkerung. In der ausgedehnten Provinz gibt es wenig öffentliche Verkehrsmittel, die Menschen sind besonders stark auf das Auto angewiesen.

Mit diesen Reformschritten verschiebt Macron Geld von den Rentnern zur arbeitenden Bevölkerung, von der Mittelklasse sowohl zu den Geringverdienern als auch zu den Unternehmen und den reichen Kapitaleignern — so der erste Teil des Plans, mit dem der ehrgeizige Reformer den Rest Europas beeindrucken und Investoren anlocken will, ohne dabei neue Armut entstehen zu lassen. Sei Frankreichs Wirtschaft erst einmal *en marche,* könne der Präsident in der zweiten Hälfte seiner Amtszeit die Abschaffung der Wohnsteuer beschließen, von der wiederum die Rentner und die breite Bevölkerung profitieren würden.

Doch solche Fiskalakrobatik überfordert ihn schließlich. Die Gelbwesten-Bewegung, die Ende 2018 auf den Plan tritt, ist kein Aufstand der Armen, sie versammelt in erster Linie die Leidtragenden seiner Steuerpolitik: die Rentner und die Mittelschicht in der Provinz, deren Lage prekärer wird. Nach der Ankündigung einer zweiten Erhöhung der Kraftstoffsteuer im November 2018 finden diese wenig politisierten Bevölkerungsgruppen auf den Verkehrskreiseln des Landes zusammen.

Überdies steht der Kommunikator Macron vor einem Dilemma: Je intensiver er Frankreich als Land für Investitionen preist, desto stärker hängt ihm das Image eines «Präsidenten der Reichen» an. Dass er sich durchaus damit brüsten kann, den realen Mindestlohn und die Mindestrente stärker erhöht zu haben als Sarkozy und Hollande zusammengenommen, wird als Alibi abgetan. Und dass die Einführung einer *flat tax* auf Kapitalerträge 600 Millionen Euro Mehreinnahmen bringt, weil die Unternehmen ihren Sparüberhang abbauen, geht in der öffentlichen Wahrnehmung ebenso unter wie die Öffnung der Arbeitslosenhilfe für Arbeitnehmer, die ihre Stelle kündigen.[80]

Vielleicht liegt es daran, dass die komplexe Politik des *en même temps* schwierig zu vermitteln ist. Sicher ist, dass Macron seinen Teil der Schuld daran trägt, dass sich das Narrativ einer Wirtschaftspolitik der sozialen Kälte durchsetzt. Die Schriftstellerin und Bürgerrechtlerin Maya Angelou bringt es auf den Punkt: «Am Ende werden sich die Leute nicht daran erinnern, was du gesagt oder getan hast; sie werden sich daran erinnern, was du sie hast fühlen lassen.» Das ist eines der größten Probleme des jungen Präsidenten überhaupt.

Der ewige Klassenbeste verkündet: «Wenn man beginnt, den Seil-Ersten mit Steinen zu bewerfen, dann stürzt die ganze Seilschaft ab.»[81] Der Präsident, der laut seiner Entourage mit wenigen Stunden Schlaf auskommt, kanzelt Reformgegner als «Faulpelze» ab und rät ihnen, sie sollten ihre Zeit lieber darauf verwenden, sich eine Arbeitsstelle zu suchen, statt zu demonstrieren und «Chaos» zu stiften. Im zufälligen Straßengespräch zitiert Macron de Gaulle: «Sie können ganz frei mit mir reden, aber Sie dürfen sich nicht beschweren.» Einem arbeitslosen Gärtner erklärt der Staatschef, er müsse einfach nur bereit sein, in die Gastronomie zu wechseln, dann reiche es, die Straße zu überqueren, um einen Job zu finden. In einer Rede zur Eröffnung des gigantischen Pariser Start-up-Inkubators Station F, gegründet vom Tech-Unternehmer und Milliardär Xavier Niel, spricht Macron von «Menschen, die Erfolg haben, und Menschen, die nichts sind».

Der Aufsteiger redet wie ein Silicon-Valley-Star, wenn er mit der Ruhe des Selbstgerechten erklärt, er habe es durch harte Arbeit und eine Prise Risikolust an die Staatsspitze geschafft. Als Macron in einer Debatte während der Gelbwesten-Proteste angegangen wird, erklärt er sich: «Ich habe nichts geerbt. Ich bin in Amiens geboren worden. Niemand in meiner Familie war Bankier, Politiker oder Enarch [ein ENA-Absolvent]. Was ich erreicht habe, verdanke ich meiner Familie, die mir den Wert des Sich-Anstrengens vermittelt hat. Und danach habe ich nie aufgegeben.»[82]

Indem er permanent das Hohelied der Erfolgreichen singt, die das Land wie die Bergführer zum Gipfel hieven, wertet der Präsident der Republik die «normalen» Franzosen ab. Wer den Klassenbesten bewundert, wird darauf verwiesen, selbst eben nicht in der vordersten Reihe zu stehen. Kann man dem Land Selbst- und Zukunftsvertrauen einflößen, indem man den Großteil der Bevölkerung implizit als Zweite, Dritte oder Vierte am Seil herabsetzt? Schlimmer noch: Wie blickt Macron auf seine Mitbürgerinnen und Mitbürger — sieht er sie als Hilfsbedürftige im besten und geborene Verlierer im schlimmsten Fall?

Macron würde mit einem klaren «Nein» antworten. Auch er habe Glück gehabt. Damit meint er seine 2013 verstorbene Großmutter mütterlicherseits. Die bildungshungrige Tochter eines Bahnhofvorstehers aus dem Pyrenäen-Städtchen Bagnères-de-Bigorre nimmt Fernunterricht, wird Lehrerin, später Schuldirektorin. Die Großmutter macht mit dem kleinen Emmanuel die Hausaufgaben, liest Klassiker und zündet eine Kerze an, wenn dieser eine Prüfung ablegt. «Die sorgenvollen Erwartungen meiner Großmutter, selbst wenn es um die Schulnoten für eine geringfügige Prüfung ging, prägten meine Kindheit. Das war mein Luxus, und er hat keinen Preis», schreibt Macron in *Révolution*.[83]

MERITOKRATISCHE REVOLUTION

Neben den Wirtschaftsreformen und Europa bildet das Thema Chancengleichheit den Kern von Macrons Wahlkampagne 2017. Es ist ihm ein persönliches Anliegen, denn er sieht sich und seine Familiengeschichte als Musterbeispiel des sogenannten «republikanischen Traums»: des Versprechens von Aufstieg durch Bildung. Seine anderen Großeltern kommen ebenfalls aus bescheidenen Verhältnissen. Die *école de la République* ermöglichte es ihnen, Eisenbahner, Sozialarbeiterin und Brückeningenieur zu werden. Seine Mutter ist Kinderärztin, angestellt bei der gesetzlichen Sozialversicherung, der Vater Neurologe; auch Macrons Geschwister arbeiten als Krankenhausärzte.

Zudem schlägt das Thema Chancengleichheit Brücken zwischen dem linken Gleichheits- und dem liberalen Leistungsideal, und 2017 besteht hier eine klaffende «Marktlücke»: Die Rechte ignoriert die Frage oder hängt sie an der Migrationsfrage auf. Die Linke fordert ein Grundeinkommen oder übt Kapitalismuskritik. Das Versprechen, den «sozialen Fahrstuhl», der nach oben führt, wieder in Gang zu bringen, ist ein Alleinstellungsmerkmal der Macron-Kampagne.

Das Argument lautet: Die soziale Mobilität nimmt in Frankreich kontinuierlich ab, das republikanische Meritokratie-Modell ist in der Krise. Das birgt ein doppeltes Problem. Erstens kann nur eine meritokratische Gesellschaft alle Talente zum Blühen bringen und das volle Potenzial des Landes ausschöpfen. Zweitens bilden das Versprechen des Aufstiegs durch Fleiß und die Unterstützung durch das öffentliche Bildungswesen ein Fundament der Republik. Ziehen die Franzosen die *méritocracie républicaine* in Zweifel, dann erodieren das gerechte und friedliche Miteinander sowie die Autorität der Republik samt ihren Exponenten, die über die *concours* der Eliteschulen ausgewählt werden.

Macron trifft hier einen Nerv der Zeit. Das Aufstiegsversprechen, ob Mythos oder Realität, rückt nicht nur in Amerika, sondern auch in Frankreich in den Brennpunkt. In den Vereinigten Staaten hat es dank des autobiographischen Bestsellers *Hillbilly Elegie* von J. D. Vance 2016 Eingang in die politische Debatte gefunden. Der Autor schildert seine Kindheit als *redneck* in der US-Provinz. Seine Familie habe es über Generationen hinweg einfach nicht aus der Armut geschafft. Es fehle an Bildungschancen und staatlicher Unterstützung, und die Unterprivilegierten litten auch an kultureller Diskriminierung. In Frankreich wird das Buch als Pendant zum 2014 veröffentlichten Großerfolg *Das Ende von Eddy* wahrgenommen, dem autobiographischen Erstling von Édouard Louis, einem Freund von Didier Eribon. Wie Vance beschreibt Louis eine Kindheit in einer heruntergekommenen Industrieregion geprägt von Gewalt, Alkohol, schlechter Ernährung, einem Zuhause mit vollen Aschenbechern und Eltern ohne

Geld und Job. Ob in der ultrakapitalistischen oder sozialdemokratischen Republik: Die Schicksale Louis' und Vance' ähneln sich.

Was läuft schief in der Republik der *Égalité*? Sie gibt 31 Prozent der jährlichen Wirtschaftsleistungen für soziale Transfers aus. Das sind 6 Prozentpunkte mehr als in Deutschland und mit Abstand der höchste Wert in Europa.[84] Die Einkommensungleichheit ist in den vergangenen drei Jahrzehnten kaum angestiegen.[85] «Nur» 13,4 Prozent der Franzosen darben unterhalb der Armutsgrenze, im Vergleich zu 16 Prozent der Deutschen.[86] Der Sozialstaat lebt. Doch um die soziale Mobilität ist es in Frankreich ebenso schlecht bestellt wie in Deutschland; beide sind Schlusslichter unter den Industriestaaten. Laut OECD, der Organisation für wirtschaftliche Zusammenarbeit und Entwicklung, dauert es im Schnitt sechs Generationen, bis die Nachkommen einer Person aus dem untersten Einkommensdezil (den am wenigsten Verdienenden 10 Prozent) das Durchschnittseinkommen erreichen. In Dänemark gelingt das binnen zwei, in den Niederlanden binnen vier Generationen.[87] Nur gut 15 Prozent des wohlhabendsten Viertel der Franzosen entstammen einem geringverdienenden Elternhaus. In Deutschland liegt die Quote bei noch schlechteren 9 Prozent.

«Wir geben verrückt viel Kohle [für die Sozialhilfe] aus», argumentiert Macron volksnah und polemisch. «Trotzdem können die Leute die Armut nicht abschütteln.» Soziale Ungleichheit bloß mit Transferzahlungen zuzuschütten, sei Symptombekämpfung; dies biete den Empfängern weder Autonomie noch soziale Anerkennung. Es sei die Verantwortung der Republik, den Menschen nicht nur zu helfen, «ein klein wenig besser in der Armut zu leben, sondern diese hinter sich zu lassen».

Macrons Ansatz beruht auf zwei Pfeilern. Da ist zum einen die Wachstumspolitik, gekoppelt mit der Liberalisierung einzelner Branchen. Dazu will er die «Privilegien» geschützter Berufsgruppen beseitigen. Als Wirtschaftsminister unter Hollande hat er bereits die Berufsordnung der Notare umgekrempelt, deren stark limitierte Lizenzen oft in der Familie weitervererbt werden. Er erlaubt privaten Busunternehmen, mit dem staatlichen Eisenbahnkonzern SNCF auf Langstrecken zu konkurrieren. Er verteidigt die kleine Pariser Uber-Revolution, die das Kartell der Taxiunternehmen aufbricht. Uber ist im vorstädtischen Département Seine-St Denis, dem Epizentrum der Banlieue-Revolte von 2005, einer der wichtigsten Auftraggeber der letztlich scheinselbstständigen Chauffeure, aber eben kein Arbeitgeber. «Es ist unsere gemeinsame Niederlage. Uber rekrutiert in den Vierteln, denen wir nichts anderes zu bieten haben», kommentiert Macron.

Damit sich dies ändert, setzt er als Präsident vor allem auf Bildung und tritt damit als typischer Sozialliberaler in die Fußstapfen Tony Blairs. «Bildung, Bildung, Bildung» sei der Kern jeder Sozialpolitik, verhieß der britische Premierminister 2001. «Wir brauchen etwas, was es den Leuten ermöglicht, die Armut hinter sich zu lassen: Bildung», betont Macron 17 Jahre später.[88]

Doch die Ansätze unterscheiden sich grundlegend. Blair meinte, das Bildungssystem könne verbessert werden, wenn marktwirtschaftliche Mechanismen eingebaut und der Wettbewerb zwischen Schulen befördert würden. Zudem erhielten Sekundarschulen in sozial schwachen Gegenden und vor allem Universitäten mehr Geld. Die Hälfte der britischen Jugend sollte einen Universitätsabschluss machen können, lautete Blairs Ziel.[89] Heute ist klar, dass das der falsche Ansatz war. Macron ist eine Generation klüger. Er denkt nicht im Traum daran, die *école de la République* dem Markt zu unterwerfen. Und der Präsident stärkt nicht die Universitäten, sondern setzt auf die frühkindliche Bildung: «Die wirkliche Ungleichheit ist die Ungleichheit der Startposition, des Schicksals, der Geburt. ... Um diese zu bekämpfen, muss man bei der ganz frühen Kindheit anfangen.»

Studien belegen, dass der Einfluss der sozialen Herkunft auf die kognitive und sozioemotionale Entwicklung im Vorschulalter am stärksten ist und hierin der größte Hebel zur Egalisierung von Bildungschancen liegt. Macrons Vorbild ist Finnland, das bei der sozialen Mobilität den Spitzenplatz belegt. Die Finnen investieren massiv in die frühkindliche Bildung und nicht zuletzt in die Begleitung der Eltern im Kleinkindalter. So setzt Macron eine Kommission der «Ersten tausend Tage» ein, die Finnlands Ansatz auf Frankreich ummünzen soll. Die obligatorische Schulpflicht von drei Jahren an wird eingeführt, die Klassengröße auf 24 Schüler gekappt und die Zahl der Schüler pro Klasse in sozial prekären Vierteln auf zwölf halbiert. 20 Prozent der französischen Schülerinnen und Schüler pro Jahrgang profitieren davon. Die «Lehrkraft-pro-100-Schüler»-Quote steigt seit Macrons Amtsantritt 2017 um 6 Prozent auf 5,82 im Jahr 2021.[90] Das Salär der Lehrer, die in Problemregionen arbeiten, wird um 3 000 Euro jährlich angehoben. Das Schulfrühstück ist nun gratis. Kinder aus ärmeren Familien werden oft mit leerem Magen in den Unterricht geschickt, was die Lernfähigkeit beeinträchtigt. Für sie wird auch der Preis des Mittagstischs auf einen Euro festgesetzt.

Des Weiteren führen die Schulen «Hausaufgabenstunden» ein, in denen die Kinder betreut werden. Töchter und Söhne aus bildungsfernen Haushalten machen seltener ihre Hausaufgaben, da ihre Eltern sie wenig unterstützen (können). Der Vaterschaftsurlaub wird von 14 auf 28 Tage verdoppelt. Alle Französinnen und Franzosen, die gerade volljährig geworden sind, erhalten den sogenannten «PassCulture»: Die App gibt ihnen ein 300-Euro-Guthaben, das sie für Kulturveranstaltungen und Bücher einlösen können.

Die Sorge um die soziale Mobilität ist einer der Gründe dafür, dass Frankreich nach der ersten Pandemie-Welle die Schulen und Kindertagesstätten praktisch durchgängig offenhält. Die Schule sei die wichtigste Institution der Republik, und ihre Schließung treffe benachteiligte Kinder besonders hart, begründet dies Bildungsminister Jean-Michel Blanquer.[91] «Unser voluntaristisches Ziel ist die Öffnung der Schulen. Was den Rest betrifft, sind wir vernünftig», begründet Macron seine Entscheidung, im Januar 2021 auf einen Lockdown des Schulwesens zu verzichten, auch wenn das mit höheren Infektionszahlen einhergeht.[92]

Macrons Menschenbild entspricht dem des klassischen Liberalen. Ganz im Zeichen der Aufklärung bezeichnet der Präsident Bildung als «Lehre der Freiheit» und Vorausetzung einer Emanzipation des autonomen Individuums. Passend dazu rühmt Macron seinen «Pass-Culture» am 200. Geburtstag des Künstlers Gustave Courbet. An dem Maler des Skandalbilds *Der Ursprung der Welt*, einer Vulva in Nahsicht, die im Musée d'Orsay zu bestaunen ist, lobt Macron dessen «Lust an der Freiheit» und den «transgressiven Willen».[93]

In das Schema passt, dass Macrons Sozialpolitik da ansetzt, wo der Mensch — wie das in einer bildungsfernen Familie geborene Kind — «unverschuldet» ins Hintertreffen gerät. Gleich bei Amtsantritt setzt der Präsident zum Beispiel die Neuerung um, dass die staatliche Krankenkasse Ausgaben für die Seh- und Hörhilfen sowie für Zahnpflege zu 100 Prozent vergütet. Auch erhöht er deutlich die Geldhilfen für die Familien von Behinderten. Für Macron geht es nicht an, dass ihr oft schweres Los sie obendrein finanziell benachteiligt.

Die Maßnahmen sind zeitgemäß, weil sie den Trend vergangener Jahrzehnte umkehren, also nicht einzig auf die akademische Bildung abstellen. Macron greift damit eine zentrale Kritik des Ökonomen Thomas Piketty auf, der in seinem Buch *Kapital und Ideologie* den einseitigen Fokus auf die Hochschulbildung als Hauptgrund dafür sieht, dass die Sozialdemokraten die Arbeiterschaft als Wählerreservoir an die Rechtspopulisten verloren hätten.[94]

LES MISÉRABLES

Ob Macrons Vorgehen zur Wiederbelebung der Meritokratie tatsächlich Wirkung zeigt, wird sich erst in ein bis zwei Jahrzehnten zeigen. Schon jetzt steht fest: Es fehlt der radikale Schritt, der Wagemut zur «meritokratischen Revolution» durch einen Politiker, der um die Bedeutung von Symbolen weiß. «Man kann kein Omelette backen, ohne ein paar Eier zu zerschlagen», soll Napoleon gesagt haben.

Die Kartelle von Taxi-Unternehmern und Notaren aufzubrechen, ist schön und gut. Aber es fehlt der Wille, die Interessen der herrschenden Klasse wirklich zu beschneiden. Zeitweise spielte Macrons Partei mit der Idee einer höheren Erbschaftssteuer, was perfekt zur Meritokratie-Politik passen würde — man soll leisten, nicht erben. Doch der Präsident winkte letzten Endes ab. Eine Alternative, vor der er ebenfalls zurückscheut, wäre das Umkrempeln des Bildungssystems, das auf Elitenproduktion getrimmt ist. Frankreichs Exzellenz-Obsession bringt zwar einen wie Emmanuel Macron hervor oder eine Avantgarde der Wirtschaftswissenschaftlerinnen wie Esther Duflo oder Stefanie Stantcheva. Doch sie trägt auch zu einer übertriebenen Hierarchisierung der Gesellschaft bei und wird zum Bremsklotz für die soziale Mobilität.

Frankreich ist eine extreme Leistungsgesellschaft — wie die Vereinigten Staaten. Wie in Amerika bildet das meritokratische Prinzip das Fundament der Gesellschaft. Dieses Ideal geht auf die Dritte Republik (1870–1940) zurück. Der Sozialist Jules Ferry führte die Schulpflicht gemäß dem Dreisatz «laizistisch, gratis und obligatorisch» ein, setzte aber bereits auf Eliten-Förderung. Die Republik ist so gut wie ihre Beamten, so das Denken, das dahintersteckt.

Interessanterweise spielt in dieser Entwicklung Deutschland eine wichtige Rolle. Nach der Schmach der Niederlage gegen die Deutschen 1870–71 wurde die Politik-Universität Sciences Po in Paris gegründet, nach dem Zweiten Weltkrieg die Verwaltungshochschule

ENA. Frankreich führte die beiden Niederlagen gegen Deutschland vor allem auch auf eine unfähige Politik-Elite und einen schlecht ausgebildeten Beamten-Apparat zurück. Die beiden Schulen sollten Abhilfe schaffen.

Concours — mit einer vollständigen Rangliste vom stärksten bis zum schwächsten Prüfling — sollen die intelligentesten Schülerinnen und Schüler hervorbringen. Diese erhalten einen Platz in den besten Schulen und Universitäten, den sogenannten *Grandes Écoles*, mit begrenzter Zahl von Studienplätzen. Schon das junge Leben ist ein Wettbewerb. Und wie in Amerika wird Frankreichs Elite an einigen wenigen Universitäten ausgebildet. Welche Hochschule man seine *Alma Mater* nennen darf, ist der Marker, der über die Laufbahn und den sozialen Aufstieg entscheidet.

Viele Firmen stellen bevorzugt Absolventinnen und Absolventen der *Grandes Écoles* ein, die fast alle in Paris angesiedelt sind. Banken gewähren diesen Elitestudierenden bessere Zinskonditionen, Vermieter bevorzugen sie bei der Vergabe umworbener Wohnungen. Ihr Risiko, arbeitslos zu werden, ist gering, auch weil Abgänger einer Eliteuniversität ein Beziehungsnetz mitnehmen. Durch Generationen hindurch verbindet sie ein *esprit de corps*: der Korpsgeist und das Gefühl, zu den Auserwählten zu zählen.

Will man mit einem Firmenchef, den man nur aus der Zeitung kennt, einen Kaffee trinken, schreibt man flugs eine E-Mail und erwähnt in der ersten Zeile, dass man ebenfalls ein *énarque, polytechnicien, normalien* oder *sciencepiste* ist. Will man ein Chalet für die Winterferien oder ein WG-Zimmer für das Praktikum in London mieten, geht man auf das soziale Netzwerk *Gens de Confiance* («Vertrauensleute»), zu dem man nur nach Empfehlung dreier Mitglieder Zutritt erhält. Im Profil gibt man natürlich an, wo man studiert (hat). Der Bildungshistoriker Giuseppe Trognon, Autor des Buchs *Die meritokratische Demokratie*, sagt: «Frankreich tickt noch wie die

Aristokratie am Versailler Hof: Das Diplom einer Eliteuniversität verleiht einem Rechte und Privilegien wie früher der Adelstitel.»[95] Für Didier Eribon sind «die *Grandes Écoles* kein Schul-, sondern ein soziales System».[96]

Das Problem wird dadurch verschärft, dass jede neue Generation der Meritokratie-Elite vornehmlich aus dem Nachwuchs der Geld- und Bildungselite rekrutiert wird. Der Anteil von Absolventen aus «privilegierten Familien» an Eliteuniversitäten steigt kontinuierlich. Kein Wunder, denn man muss es sich ja leisten können, bis zu ein Jahr lang für die anspruchsvollen *concours* zu büffeln und die Zulassungsprüfung für Fächer wie «Allgemeinbildung» zu bestehen. So erklärt sich auch der Paris-Zentrismus jedes neuen Elitenjahrgangs. Der aus Rennes in der Bretagne stammende Enarch David Guilbaud, dessen Vater ein Langzeitarbeitsloser war, schreibt in dem Buch *Die meritokratische Illusion*: «Ich bin die Ausnahme, die die Regel bestätigt.»

Und all das ist nichts Neues: Der Soziologe Pierre Bourdieu schrieb schon in den 1960er Jahren, dass das französische Bildungswesen nicht die Chancengleichheit befördere, sondern in erster Linie die bestehenden Ungleichheiten reproduziere.

In den Vereinigten Staaten steht die These hoch im Kurs, dass die Aushöhlung des meritokratischen Versprechens die tiefere Ursache des Wahlerfolgs von Donald Trump 2016 gewesen sei, der eigentliche Grund für den Eliten-Hass und die Wissenschaftsfeindlichkeit. Am elegantesten formuliert hat sie der Harvard-Professor Michael J. Sandel im Buch *The Tyranny of Merit* (*Vom Ende des Gemeinwohls*): Das meritokratische Ideal besage, dass derjenige, der «oben» steht, es auch verdient habe. Wer sich «unten» wiederfindet, ist also selber schuld. Das Meritokratie-Ideal produziere eine unbarmherzige und gespaltene Gesellschaft. Die «oben» würden sehr selbstgerecht, da sie ihre privilegierte Situation als Frucht ihrer Anstrengungen und mithin als legitim betrachteten. Somit fühlten sie sich nur begrenzt zu Solidarität mit den Verlierern verpflichtet: «Die Hybris der Gewinner ebenso wie die Demütigung der Verlierer befeuern den populistischen Protest, dessen Zeugen wir aktuell weltweit sind.»

Sandels Deutung passt haargenau auf Frankreich, das Königreich der Meritokraten. Wie Trump hat Marine Le Pen mit ihrem Eliten-*bashing* durchschlagenden Erfolg, obwohl sie wie der 45. US-Präsident aus begüterten Verhältnissen stammt und im Pariser Nobelvorort Saint-Cloud aufgewachsen ist. Je tiefer der Bildungsgrad, je tiefer das Einkommen, desto höher war Le Pens Stimmenanteil 2017. Je höher der Bildungsgrad, je höher das Einkommen, desto besser war Macrons Ergebnis.[97]

Das ist zumindest für die jüngere Vergangenheit ungewöhnlich. Die Wahl des ersten sozialistischen Präsidenten François Mitterrand war 1981 noch eine klare Klassenfrage. Doch Chirac, Sarkozy und Hollande erzielten dann ähnliche Stimmenanteile quer durch alle soziale Schichten. In den 1980er Jahren begann derweil der Aufstieg von Marine Le Pens rechtsextremem Vater Jean-Marie Le Pen, der Arbeiterstimmen von den Linken abzog, die sich verbürgerlicht hatten. Nicht zufällig entstanden in dieser Zeit Begriffe wie *gauche caviar* (die auf schicken Partys anzutreffende «Kaviar-Linke», ähnlich den deutschen Salonkommunisten) oder *Bo-Bo* (*bourgeois-bohème*, also bürgerliche Bohème).

Emmanuel Macron scheint den Klassenkonflikt zu reaktivieren. Seine Utopie der Chancengleichheit spricht die Privilegierten an; diejenigen, denen sie zugutekommen soll, bleiben argwöhnisch. Der Präsident meint es vielleicht ernster als seine Vorgänger, aber der Mann, der sein Wahlkampfbuch *Révolution* betitelt, will offenbar doch nicht ernsthaft die Machtstrukturen der französischen Gesellschaft aufbrechen. Und warum sollte man ihm vertrauen? Er ist der Archetyp des selbstgerechten Meritokraten. Er und seine Minister unterscheiden sich kaum von ihren bürgerlichen und sozialdemokratischen Vorgängern. Sie sind größtenteils ENA-Absolventen, die zwischen Beamtenposten im Finanzministerium im Pariser Osten, Politikkarrieren in der Nationalversammlung im Stadtzentrum und einträglichen Jobs im Geschäftsviertel La Défense ganz im Westen der Metropole hin- und herpendeln.

François Ruffin, der schärfste und geradlinigste Kritiker Macrons von der Linkspartei France Insoumise, formulierte es in seinem an den Präsidenten adressierten Buch *Das Land, das du nicht kennst* so: «Ich halte Ihren Kopf nicht aus. … Wir sind Millionen, die diese Ablehnung in uns spüren, die physisch, viszeral ist. Es ist ein politisches Faktum. Wieso? Woher kommt das? Sie atmen den Dunst einer Klasse. Sie tragen in sich eine Selbstgefälligkeit, die normalen Leuten, mir, uns, Respekt einflößt, aber uns gleichzeitig zur Revolte zwingt.» Für den kritischen Enarchen Guilbaud sind die Gelbwesten, die sich Ende 2018 gegen Macron formieren, «das Resultat einer Realität, die den meritokratischen Diskurs à la ‹Wer will, der kann.› Lügen straft».

AUFSTAND DER GELBWESTEN

In seinem Essay für die Weltausstellung 1867 in Paris notierte der Schriftsteller und zeitweilige Politiker Victor Hugo: «Rom ist majestätischer, Triest älter, Venedig schöner, Neapel graziöser, London reicher. Was hat Paris? Die Revolution. … Athen hat den Parthenon gebaut, aber Paris die Bastille zerstört.»

Es zeichnet Frankreich aus, dass es die vitale Kraft hat, das zu demontieren, was keinen Bestand haben kann. Sich mit einer Idee im Kopf, einer Parole auf den Lippen, einer Fahne in der linken Hand und manchmal einer Waffe in der rechten gegen den Status quo aufzulehnen, die normative Kraft des Faktischen herauszufordern und für eine bessere Welt zu kämpfen: Der Wille zur Revolution steht im Mittelpunkt der französischen Selbsterzählung. Jede Generation belebt den Revolutionsmythos neu. Was für Katholiken die heilige Kommunion ist, sei für Französinnen und Franzosen die erste Demonstration, lautet ein Witz. Die Holocaust-Überlebende Simone Veil, die als Gesundheitsministerin 1975 unter heftigem Protest den Schwangerschaftsabbruch legalisierte, sagte: «Die Revolution ist das Opium des Volkes.» Die Protestlust und die unbändige Ideen- und Politikgläubigkeit erklären, warum Frankreichs Gesellschaft kaum je im Frieden mit sich lebt.

Doch die Unzufriedenheit der Französinnen und Franzosen hat sie auch zu einem Frühwarnsystem für den Rest der Welt gemacht. Sie reagieren schneller auf Missstände und Ungerechtigkeiten. 1789 lehnten sie sich gegen Feudalismus, Religion und soziale Ungerechtigkeit auf und sorgten für Panik in Europas Königsfamilien. So ähnlich ist es 230 Jahre später bei den Gelbwesten. Die Protestierenden in der Provinz lehren die Staats- und Regierungschefs der Welt: Die Kosten des Kampfs gegen den Klimawandel könnt ihr nicht auch noch der Unter- und Mittelschicht aufbürden. Das ist ihr größtes Verdienst.

Selbst für Frankreichs neuere Geschichte sind die Gelbwesten außergewöhnlich. Sie entstammen keiner Gewerkschaft oder Partei; sie sind keine «professionellen Demonstranten» aus dem städtischen linken oder studentischen Milieu. Vielmehr nimmt die Bewegung im konservativen Süden des Landes ihren Anfang und breitet sich über die sogenannte *France périphérique* aus: diesem manchmal endlos erscheinenden «Zwischenland», das von den Trassen des TGV durchkreuzt, vom Superschnellzug aber nicht bedient wird. Das, was man in Amerika *flyover states* nennt, begehrt auf.

Auslöser ist Macrons Steuer- und Autopolitik. Im Juli 2018 lässt er das Tempolimit auf Landstraßen von 90 auf 80 Kilometer pro Stunde herabsetzen. Davon erhofft er sich 400 Unfalltote weniger pro Jahr. Trotzdem macht er sich damit äußerst unbeliebt: Mehr als Dreiviertel der befragten Franzosen lehnen den Schritt ab. Das Tempolimit ist ein Ärgernis in einem Land, in dem diejenigen, die nicht in den Großstädten leben, mehr und mehr Zeit im Auto verbringen müssen, um den Alltag zu bewältigen. Die ländliche Bevölkerung ist seit der Jahrtausendwende um 12 Prozent geschrumpft.[98] Schulen und Krankenhäuser werden aus Spar- und Effizienzgründen zusammengelegt — die Fahrten werden länger und länger.

Gegen das neue Tempolimit formieren sich die Auto- und Motorradverbände. Paris erklärt, die Maßnahme werde 2020 zurückgenommen, falls sie nicht das erwünschte Ergebnis erziele. So erscheint Macron erst recht als Pariser Regent, der anhand von Excel-Tabellen Politik macht und die Lebenswirklichkeit der *France profonde*, des urwüchsigen Frankreichs, verkennt. Als die zweite Erhöhung der Öko-Steuer auf Benzin und Diesel ansteht, explodiert im Spätherbst 2018 der Protest.

Seit 2008 ist das Mitführen einer grellgelben Warnweste in jedem Auto Pflicht. Modezar Karl Lagerfeld ließ sich für die Öffentlichkeitskampagne des Ministeriums mit dem Spruch ablichten: «Sie ist gelb, sie ist hässlich und sie passt zu nichts — aber sie kann Leben retten.» Diese *gilets jaunes* ziehen sich die Protestierenden einfach über und legen viele der über 30 000 Kreisverkehre des Landes lahm (der Kreisverkehr ist Ausdruck des französischen Infrastruktur-Fetischismus). Samstags strömten die Gelbwesten sternförmig aus der Provinz in die mittelgroßen Städte und in die Hauptstadt, um an den wichtigsten *rond-points*, etwa dem Pariser Place de l'Étoile rund um den Triumphbogen, ihrem Unmut freien Lauf zu lassen.

Die im November 2018 beginnenden Demonstrationen, die insgesamt elf Todesopfer fordern, dauern ein halbes Jahr an.[99] Zehn Menschen sterben bei Unfällen, als Gelbwesten Autofahrer am Durchbrechen ihrer Straßenbarrikaden zu hindern versuchen; eine Großmutter in Marseille erleidet einen Herzstillstand, als eine Tränengasbombe der Polizei durch das offene Fenster fliegt und in ihrer Wohnung explodiert. Es gibt 4 439 Verletzte, davon 1 944 auf Seiten der Ordnungskräfte. 12 908 Gummigeschosse feuert die Polizei ab, es kommt zu 10 718 Festnahmen und 3 200 Verurteilungen, dazu 313 Verfahren aufgrund von Polizeigewalt.[100] Die Versicherer melden Sachschäden von 217 Millionen Euro.

Im Dezember 2018 herrscht in Frankreich Ausnahmezustand. Auf den Pariser Champs-Élysées und den Einkaufsmeilen anderer Städte liefern sich Demonstranten und Polizisten Straßenschlachten. Brasserien, Banken und Geschäfte gehen in Flammen auf. Der Arc de Triomphe, unter dem das Grab des Unbekannten Soldaten liegt, versinkt in den Tränengasschwaden der Sicherheitskräfte und dem Petarden-Nebel der Gelbwesten. Frankreichs Städter üben sich an den Samstagen schon einmal darin, zu Hause zu bleiben. Doch nicht nur aufgrund der selbst für französische Verhältnisse schweren Gewalt sind die Kundgebungen außergewöhnlich.

Die Revolte entlädt sich nicht etwa, weil der Präsident ein Wahlversprechen bricht, sondern weil er tut, was er angekündigt hatte. Dieses Rätsel lässt sich nur durch die Eigenart des Wahlsystems erklären. Macrons Ergebnis bei den Präsidentschaftswahlen 2017 ist das im historischen Vergleich zweitbeste. Die meisten Entscheidungen waren viel knapper. Doch das täuscht nicht darüber hinweg, dass 2017 nur 24 Prozent der Französinnen und Franzosen, die sich an der Wahl beteiligten, im ersten Wahlgang Macron ihre Stimme gaben. Und selbst von diesen hat ein Teil nur aus taktischen Gründen den Himmelsstürmer gewählt, nicht aus Überzeugung.

Trotzdem verhält sich der neue Präsident so, als hätte er ein überwältigendes demokratisches Mandat. Michaela Wiegel, der langjährigen Korrespondentin der *Frankfurter Allgemeinen Zeitung* in Paris, sagte Macron 2018: «Ich habe immer geglaubt, dass meine Wahl möglich und sogar wahrscheinlich sei, weil sie dem tiefsten Verlangen des französischen Volks entsprang. Das Volk ist vom Willen zu einem tiefen Transformationsprozess getragen.»[101]

Macron spricht oft davon, wie wichtig es sei, das Wahlprogramm buchstabengetreu umzusetzen, um das Vertrauen in die Politik zu stärken. Doch wenn bloß ein Viertel des Landes dieses Programm wollte, ist Macrons Programmtreue für viele Franzosen schlicht eine Provokation.

Das erklärt, warum sich die Proteste auf die Person des Präsidenten konzentrieren. Doch das Land erlebt keineswegs ein neues «1968», als Gewerkschaften, linke Parteien und Studenten in der Auflehnung gegen Charles de Gaulle zusammenfanden. Wenn sich Gewerkschaftler und Politiker jedweder Couleur dem Demonstrationszug der Gelbwesten anschließen und ihre Fahnen schwingen wollen, werden sie als korrupte Interessensvertreter beschimpft und mit Gegenständen beworfen. Die Gelbwesten rechnen mit allen ab, die sie zur Elite zählen.

Die allermeisten von ihnen waren vorher politisch nicht aktiv, und sie arbeiten vorzugsweise in der privaten Wirtschaft; sie verbindet der Wunsch, endlich gehört zu werden.[102] Ansonsten ist die Bewegung so heterogen wie das französische Volk. Weniger Steuern, weniger Bürokratie, mehr staatliche Leistungen, mehr Umweltschutz — das sind ihre widersprüchlichen Anliegen. Einig sind sich die Gelbwesten in der Forderung nach Rücknahme der Erhöhung der Öko-Steuer, nach Wiedereinführung der Vermögenssteuer und mehr direkter Demokratie in Gestalt von Bürgerreferenden. «Die Eliten sprechen vom Ende der Welt [durch den Klimawandel], aber wir sprechen davon, es mit unserem Lohn bis ans Monatsende zu schaffen», sagt ein Protestierender, dessen Befund von den Medien zum Motto der Bewegung stilisiert wird.[103]

Eine weitere Besonderheit ist, dass die Zahl der Gelbwesten selbst auf dem Höhepunkt der Bewegung für französische Verhältnisse eher bescheiden ist. 282 000 marschieren am ersten nationalen Protesttag am 17. November 2018 auf, dem sogenannten *Acte I*. Im Januar 2019 sind es im landesweiten Schnitt nur noch 68 500, im März 35 000. An nationalen Protesttagen gegen Macrons Renten- oder Arbeitsrechtsreformen gehen dagegen oft eine Million und mehr Menschen auf die Straße.

Die Stärke der Gelbwesten ist nicht ihre Zahl, sondern dass sie sich nicht vereinnahmen lassen und daher lange von der Bevölkerung unterstützt werden. Zu Beginn bejahen in Umfragen drei Viertel der Franzosen die Proteste. Erst im Februar 2019 wünscht sich die Mehrheit, dass wieder Ruhe einkehre.[104]

Der Rückhalt der Bewegung in der Bevölkerung ist Macrons Problem, der die Proteste falsch eingeschätzt hat. Zunächst stellte die Regierung auf stur: Man werde keinen Zentimeter von den Plänen abrücken und der Gewalt nicht weichen. Macron hat Ende 2018 viel vor: Die Rentenreform soll in Angriff genommen, die Arbeitslosenversicherung umgebaut werden und, und, und. Knickt seine Regierung ein, ist jegliche Autorität verspielt. Er werde enden wie Chirac, der zwar lang im Amt blieb, aber keine wichtigen Reformen durchsetzte, da er sich stets dem Druck der Straße beugte, so Macrons Albtraum.

Es dauert, bis der Präsident einsieht, dass er einlenken muss. Einmal zu dieser Erkenntnis gelangt, setzt Macron zu dem magischen Moment seiner Präsidentschaft an. Er lanciert den *Grand Débat National*.

Macron ist Auslöser der Gelbwesten-Krise und dann der Schlüssel zu ihrer Lösung. Die Gelbwesten teilen Macrons Skepsis gegenüber den *corps intermédiaires*, den Parteien und Gewerkschaften. Keine von ihnen kann im Namen der Gelbwesten sprechen. Der einzige legitime Gesprächspartner ist der, der entscheidet: der Präsident. 93 Stunden debattiert Macron selber mit den Franzosen, überdies schickt er seine Minister und Parlamentarier ins Land. Binnen zwei Monaten finden 10 134 Veranstaltungen statt. In 16 337 Gemeinden liegen Beschwerdehefte im Bürgermeisteramt offen, in denen die Franzosen ihre Sorgen niederschreiben. 1 932 884 Beiträge werden auf der Webseite der «Großen Nationalen Debatte» eingegeben, 27 374 Briefe treffen ein.[105]

Es ist eine Hochrisikostrategie. Noch nie hat ein französischer Präsident eine solche Übung gewagt. Wären die Proteste nicht abgeklungen, hätte es Macrons Legitimation ramponiert. Doch er weiß: Sein Trumpf ist der direkte Kontakt. Nirgends fühlt sich der Präsident wohler als im Kreuzverhör der Bürger. Keine störenden Fragen halbkluger Journalisten, sondern nur er und das Volk. Macron zeigt sich verständnisvoll, widerborstig, geduldig, energiegeladen. Er biedert sich den Franzosen nicht an, aber er gibt ihnen das Gefühl zuzuhören, sie ernst zu nehmen. Das reicht offenkundig, um die Wogen zu glätten.

Im Mai 2019 folgen die Europawahlen. In der ersten landesweiten Abstimmung nach einem Präsidentschaftswahljahr wird die Regierungspartei normalerweise gnadenlos abgestraft. Doch Macron wirft sich mit ganzer Kraft in den Wahlkampf und vollbringt das Kunststück, bei hoher Wahlbeteiligung 22,4 Prozent der Stimmen für seine LREM zu holen, fast so viele wie beim ersten Wahlgang 2017. Le Pens Rassemblement National verliert 1,5 Prozentpunkte und landet bei 23,3 Prozent. Die verschiedenen, neugebildeten Gelbwesten-Parteien kommen zusammen auf knapp über 1 Prozent der Stimmen.

An Frankreichs politischer Landschaft ändern die Gelbwesten am Ende nichts; ebenso wenig an der Ausrichtung von Macrons Politik.

UNBEIRRBAR

«Der große Fehler der französischen Politiker besteht nicht darin, dass sie ihre Meinung ändern, wenn es die Situation erfordert. Ihr Fehler ist, dass sie später vehement abstreiten, es getan zu haben», schreibt der langjährige Gewerkschafter und Historiker Jacques Julliard.[106]

Als sich François Mitterrand Anfang der 1980er Jahre genötigt sah, von seinem Sozialismus *à la française* auf eine konventionelle Wirtschaftspolitik umzusatteln, leugnete der Präsident die Wende. Jacques Chirac «kehrte seinen Wahlversprechen mit einer Natürlichkeit den Rücken, die jede Erklärung erübrigte», so Julliard. Auch François Hollande, der mit dem Spruch «Ich mag die Reichen nicht» gewählt worden war, wollte seinen liberalen Schwenk in der zweiten Hälfte seiner Amtszeit nie als solchen sehen.

Anders Emmanuel Macron. Im Fall einer Krise setzt der Präsident nicht zur Kehrtwende an, die er dann nicht zugäbe. Stattdessen justiert er leicht den Diskurs, und auch etwas die Politik. Um die Gelbwesten zu beruhigen, streicht der Präsident die zweite Erhöhung der Öko-Steuer auf Benzin und Diesel. Auch legt er die Anhebung der Sozialabgabe auf Renten bis 2000 Euro auf Eis; sie werden zudem wieder an die Teuerung angepasst. Macron ruft eine Bürgerversammlung mit per Los gezogenen Bürgerinnen und Bürgern ein, die Klimaschutzmaßnahmen berät. Aber er hält an der unpopulären Beschneidung der Vermögenssteuer fest. Und Macrons Maßnahmenpaket zur Besänftigung der Gelbwesten enthält kaum Zugeständnisse, sondern lauter Bausteine seines Wahlprogramms von 2017. Im Endeffekt zieht der Präsident die Steuerentlastungen für die Mittelschicht, die er zum Auftakt seiner Kampagne für die Wiederwahl vornehmen wollte, um 18 Monate vor.

Den staatlichen Zuschuss an die Arbeiter mit Mindestlohn erhöht er um 90 Euro pro Monat. Macron gewährt auch Selbstständigen Zugang zu dieser «Aktivitätsprämie» und erweitert so die Zahl der Empfänger um 1,2 Millionen Personen.[107] Er befreit Boni bis 1000 Euro pro Jahr bei kleinen und mittleren Einkommen von den Steuern und streicht Sozialabgaben und Steuern, die Arbeitnehmer für Vergütungen auf Überstunden begleichen mussten. (Bei einer offiziellen Arbeitszeit von 35 Stunden die Woche ist das nicht ganz unerheblich. Laut OECD arbeiten die Franzosen im Schnitt 1505 Stunden pro Jahr, acht Prozent mehr als die Deutschen mit 1386 Arbeitsstunden pro Jahr.[108]). Sarkozy hatte diese Maßnahme unter dem Motto «Mehr arbeiten, um mehr zu verdienen» ursprünglich eingeführt; ihre Abschaffung war eine der ersten Amtshandlungen Hollandes.[109]

Zwar erzählen Macrons Berater den Journalisten nach dem *Grand Débat*, nun folge der «zweite Akt» der Präsidentschaft: Die Kaufkraft der Franzosen und die Sozialpolitik würden in den Vordergrund rücken. Doch die Leistungslogik bleibt, belohnt werden weiterhin nur diejenigen, «die es verdienen»; «Erleichterungen» gibt es «für die, die arbeiten», sagt Macron.

Selbst in Sachen soziale Mobilität vollzieht Macron keine Revolution, wohl aber einen Bruch mit der republikanischen Tradition. Auf dem Höhepunkt der Gelbwesten-Proteste kündigt das Élysée an, die Verwaltungshochschule ENA abzuschaffen. Macron hat begriffen, dass sich die Proteste sehr wohl auch aus dem Hass auf die technokratische Elite speisen. Und er lässt es im Gegensatz zur Vielzahl seiner Vorgänger nicht bei vagen Ankündigungen bewenden. Im April 2021 buchstabiert Macron seine Pläne aus. Er löst die Straßburger ENA auf, sie soll in einem neuen Institut du Service Public (ISP) aufgehen, in dem 13 weitere staatliche Elite-Schulen, einschließlich der Schule für Gefängnisdirektoren, zusammengelegt werden. Abgänger des neuen ISP sollen nach dem Abschluss nicht mehr direkt in die Top-Ministerien katapultiert werden. Stattdessen müssen sie sich zunächst fünf bis sechs Jahre *sur le terrain*, also meistens in Präfekturen auf dem Land und fernab von Paris, ihre Sporen verdienen. Die Topbeamten sollen näher an den Lebensalltag der Franzosen herangeführt werden, bevor sie Verantwortung übernehmen. Das schreckt bloße Karrieristen ab.

Zudem geht Macron neue Wege, um die Eliteschulen zu öffnen. Der Präsident vergrößert die Zahl der Plätze in staatlichen Vorbereitungskursen für sozial Benachteiligte von 700 auf 1700 und erhöht das Entgelt, damit sie während der Prüfungsvorbereitungen nicht nebenbei arbeiten müssen.[110] Auch führt er eine fixe Anzahl Studienplätze für sozial benachteiligte Bewerber ein.

Mit dieser Politik der «positiven Diskriminierung» im US-Stil bricht Macron mit einem Dogma, an das selbst die Sozialisten nie rührten — und begibt sich auf verfassungsrechtlich umstrittenes Terrain. Artikel 6 der Erklärung der Menschen- und Bürgerrechte, die die Nationalversammlung am 26. August 1789 verabschiedete, hält fest: «Da alle Bürger in seinen [des Staates] Augen gleich sind, sind sie gleicherweise zu allen Würden, Stellungen und Verbeamtungen nach ihrer Fähigkeit zugelassen, ohne einen anderen Unterschied als den ihrer Tugenden und Talente.»

Die Politik der Chancengleichheit und die Bildungsoffensive sind Schritte in die richtige Richtung. Immerhin beerdigt der Präsident eine Schule, die Charles de Gaulle 1945 höchstpersönlich gegründet hatte und dessen Abgänger seitdem die Geschicke des Landes führten. Hier ist Macron konsequenter und radikaler als alle seine Vorgänger.

CORONAVIRUS-ETATIST

Das Muster einer Akzentverschiebung beim generellen Kurshalten wiederholt sich in der Coronavirus-Pandemie: Macrons Getreue verkünden, das Coronavirus leite den «dritten Akt» der Präsidentschaft ein. Der Präsident nimmt die Rolle des großen Beschützers ein. Der Staat müsse die Franzosen vom Virus abschirmen, «koste es, was es wolle», erklärt Macron in Anlehnung an den historischen Ausspruch *«whatever it takes»* des seinerzeitigen Präsidenten der Europäischen Zentralbank, Mario Draghi. Auf dem Höhepunkt der Eurokrise im

Juli 2012 hatte Draghi damit klargestellt, dass der Zusammenhalt der Eurozone im Zweifel Priorität vor dem Ziel der Preisstabilität habe. Macron erklärt nun, die Pandemie-Bekämpfung habe Vorrang vor der wirtschaftlichen Entwicklung.

Zunächst verfügt Macron einen harten Lockdown, der nur eine Stunde Ausgang pro Tag gestattet, und führt ein im europäischen Vergleich sehr großzügiges Kurzarbeitergeld-Regime ein. Mindestlohnempfänger erhalten 100 Prozent und die anderen 84 Prozent ihres Nettolohns fortgezahlt, im Vergleich zu den 67 Prozent, die Deutschland zu Beginn der Pandemie entrichtet.[111] Paris kompensiert die Einkommensverluste von Selbstständigen sowie kleinen und mittelständischen Unternehmen gegenüber dem Jahr 2019 zu 100 Prozent (in Deutschland 70 bis 80 Prozent).[112] Im ersten Lockdown steht über die Hälfte der im Privatsektor Beschäftigten zeitweise auf der Lohnliste des Staats, in absoluten Zahlen mehr Menschen als in Deutschland; und dies, obwohl Frankreichs Erwerbsbevölkerung um 23 Prozent kleiner ist. Macron, der als «neoliberal» Gescholtene, erklärt stolz: «Wir haben die Zahlung der Gehälter verstaatlicht.»[113]

Im Gegensatz zu Deutschland führt Frankreich nie eine Debatte, ob man der Wirtschaft zuliebe höhere Infektionszahlen in Kauf nehmen solle. Dass die Regierung Covid-19-Tests im Juli 2020 für die gesamte Bevölkerung gratis und breit verfügbar macht, ist selbstverständlich. Frankreich testet im Schnitt mehr als doppelt so viele Bürgerinnen und Bürger wie Deutschland. Macron knausert nicht und unterstreicht, dass der Mensch über der Wirtschaft steht. Wenn die Regierung vor allem in der zweiten und dritten Welle weniger strenge Maßnahmen ergreift und damit deutlich höhere Todeszahlen zulässt, dann weil sie die Schulen nicht länger schließen will und sich die Debatte auf die psychologischen Kosten der Pandemie-Bekämpfung verlagert. Premierminister Jean Castex erklärt: Wer sich einsam fühle und bedrückt sei, der solle trotz Ausgangssperre nicht zu Hause bleiben. In der dritten Coronavirus-Welle befürworten 70 Prozent der befragten Franzosen die strengen Lockdown-Maßnahmen, aber 46 Prozent erklären, diese umgehen zu wollen, zumindest hin und wieder.[114] Prinzipien sind gut, die Praxis ist besser. Es gibt Grenzen der Belastbarkeit; werden sie überschritten, nehmen sich die Franzosen ein Stück Freiheit.

Doch in seinem 100 Milliarden Euro schweren Konjunkturpaket, das die Wirtschaft über die Lockdown-Phasen hinaus stützen soll, bleibt Macron seinem unternehmensfreundlichen Kurs treu. 35 Milliarden verwendet er für Maßnahmen zur Stärkung der Wettbewerbskraft. Das Paket finanziert die schrittweise Senkung der Unternehmenssteuer von 33,3 auf 25 Prozent. Zudem sieht er Subventionen für die Ansiedlung neuer Fabriken vor, die krisen- und zukunftsrelevant sind, wie solche zur Herstellung von Impfstoffen oder Batterien. Vor allem werden die Produktionssteuern gekappt. Seit Jahrzehnten klagte die Industrie über diese Abgaben, die fünfmal höher als in Deutschland und kaum zu rechtfertigen sind, da sie auf die Herstellung von Gütern abstellen und nicht auf die Gewinne. Der kostspielige Sozialstaat Frankreich wusste sich nicht anders zu helfen, als bei den Fabriken direkt das Geld einzutreiben, auch wenn das auf Kosten von Jobs ging. Das war mit ein Grund, warum der Anteil der Industrie an der Wertschöpfung über die vergangenen 40 Jahre auf 17,1 Prozent der Wirtschaftsleistung gesunken ist (in Deutschland beträgt der Anteil 26,7 Prozent).[115]

Weitere 35 Milliarden Euro sollen die Wirtschaft ankurbeln. Doch im Vergleich zu Deutschland ist der Konsumanteil bescheiden. Paris verzichtet auf eine aufwendige, temporäre Senkung der Mehrwertsteuer. Vielmehr liegt das Augenmerk auf der Jugendarbeitslosigkeit. Die von der Pandemie verursachte Wirtschaftskrise trifft junge Arbeitnehmer am härtesten, zumal da Sozialhilfe erst ab 25 Jahren ausbezahlt wird. Die Regierung baut deshalb die Unterstützung für

Jugendliche in Ausbildung massiv aus und erhöht die Prämien für Unternehmen, die junge Arbeitnehmer einstellen.

Die restlichen 30 Milliarden Euro des Konjunkturpakets gelten dem Kampf gegen die Klimakatastrophe. Frankreichs Kohlendioxyd (CO_2)-Emissionen pro Kopf liegen dank des sehr hohen Anteils der Atomenergie (70,6 Prozent der Stromversorgung) bei rund der Hälfte des deutschen Werts. Nur knapp 8 Prozent des Strom-Mix stammen von fossilen Energieträgern. Macron hat die Schließung der letzten Kohlekraftwerke bis 2026 in die Wege geleitet.[116] An der Nuklearenergie hält Macron allerdings fest. Wie mit dem Atommüll umzugehen ist, sollen spätere Generationen klären.

Wenn die Energieversorgung nicht grün, aber zumindest sehr CO_2-arm ist, dann muss der Präsident zur Verbesserung der Klimabilanz also vor allem beim Energiekonsum ansetzen. Hier nimmt Macron einige Vorschläge jener Bürgerversammlung zum Klima auf, die er während der Gelbwesten-Proteste lanciert hatte. Dazu gehören sehr spezifische Vorschriften wie zum Beispiel, dass Supermärkte bis 2030 ein Fünftel der Verkaufsfläche für unverpackte Waren verwenden müssen, Bars und Restaurants ihre Terrassen nicht mehr beheizen dürfen, staatliche Kantinen eine vegetarische Option anbieten müssen oder auf brachem Land keine großen neuen Einkaufszentren mehr gebaut werden dürfen. Neue Mittel für den Ausbau des Bahnverkehrs gehören ebenfalls dazu, gerade in ländlichen Regionen. Mit bis zu 9000 Euro wird nun der Kauf eines Elektroautos subventioniert, sofern man seinen Benziner in Zahlung gibt. Ambitionierte Vorschläge wie die Senkung des Tempolimits auf Autobahnen von 130 auf 110 Kilometer pro Stunde oder europapolitisch heikle wie ein Moratorium für das Freihandelsabkommen der EU mit Kanada lässt Macron abblitzen, der sich das Recht herausgenommen hat, über drei «Joker» zu verfügen, das heißt: drei Mal klar Nein zu einzelnen Vorschlägen der Bürgerversammlungen sagen zu können.

Ernst macht Macron hingegen bei der Wärmeisolierung von Häusern. In Frankreich sind die Wohnquartiere oft Jahrhunderte alt, die Eigenheimquote liegt mit 65 Prozent sogar über derjenigen Großbritanniens. Es geht also darum, Millionen von Wohnungs- und Hausbesitzern dazu zu bewegen, ihr Eigenheim in Sachen Klimaschutz auf den neuesten Stand zu bringen. Die Kosten sind enorm; Macrons Zuckerbrot sind hohe Steuerabzüge und Subventionen für Renovierungsarbeiten, die Peitsche eine sehr kontroverse Bestimmung, wonach schlecht isolierte Wohnungen und Häuser von 2025 an nicht mehr vermietet werden dürfen. Der Staat will die Bauleiter von Renovierungsprojekten direkt bezahlen, die Energiewende soll neue Arbeitsplätze schaffen.

Durch Gelbwesten-Aufstand und Pandemie hindurch zeigt sich Macron anpassungsfähig, aber er weicht kaum von den großen Linien seiner Politik der Stärkung der Wettbewerbsfähigkeit ab. Vielmehr nutzt er jede Gelegenheit, noch einen Gang höher zu schalten. Eine Kehrtwende, wie sie Angela Merkel mit dem Atomausstieg nach der Reaktorkatastrophe von Fukushima vollführte, lässt auf sich warten.

DER NEUE KAPITALISMUS

Wie so mancher Politikstudent der späten 1990er Jahre hat Macron die Bücher des britischen Soziologen Anthony Giddens gelesen, des geistigen Vaters des «Dritten Wegs» von Tony Blair.[117] Als der BBC-Starinterviewer Andrew Marr dem damaligen französischen Wirtschaftsminister 2016 sagt: «Sie erinnern mich sehr stark an den jungen Blair», grinst Macron. Indessen ist seine Politik des *en même temps* nicht aufgewärmte Dritter-Weg-Politik. Von Giddens' Denken unterscheidet sich Macron konzeptuell in mehrfacher Hinsicht; er hat das Fundament einer neuen zentristischen Politphilosophie gelegt, die eine Synthese zwischen Liberalismus und Etatismus herstellt.

Der junge Präsident ist ein Produkt seiner Zeit: kein Linker, der nach dem Fall der Berliner Mauer zum Liberalismus konvertiert wäre wie Schröder oder Blair. Er hat miterlebt, woran der Dritte Weg gescheitert ist. Blair konnte die britischen Probleme — steigende Ungleichheit, schwache Zunahme der Produktivität, einem nicht beizukommenden Niedriglohnsektor — nicht beheben. Und vor allem: Macron hat die Entzauberung der Marktreligion aus nächster Nähe beobachtet. Als 2008 die globale Finanz- und Wirtschaftskrise ausbricht, arbeitet er als Investmentbanker an der schicken Pariser Avenue de Messine bei Rothschild & Co.

Blair und seine Nachahmer setzten auf die Deregulierung (im Vokabular von Blairs New-Labour-Partei hieß das *light-touch*-Regulierung). Je freier der Markt, desto effizienter würde sich dieser wie von selbst Schranken setzen und seine eigenen Fehlentwicklungen ausbalancieren. Der Staat müsse sich zurückhalten, sonst würde er das magische Wirken der «unsichtbaren Hand» vereiteln und lauter Marktverzerrungen produzieren. Namentlich der Finanzmarkt müsse frei sein; er sei das Herzstück der Marktwirtschaft, nämlich die Institution, die das Kapital verteilt und damit die Ökonomie lenkt.

Die Finanzkrise läutete das Ende solcher Marktgläubigkeit ein. Die unsichtbare Hand erwies sich als schlechte Risikomanagerin. Über Nacht musste dafür die öffentliche Hand Milliarden herbeizaubern, um das Finanzsystem zu retten. «Ich glaube an die Marktwirtschaft und eine offene Welt. Aber wir müssen regulieren, um die Exzesse des Kapitalismus in den Griff zu bekommen», erklärte Frankreichs Präsident im Juni 2018 gegenüber der *Financial Times*.[118]

Wie Karl Marx erkennt Macron, dass der Kapitalismus den Samen des eigenen Untergangs in sich trägt. Im Unterschied zu Marx sehnt er jedoch diesen Ruin nicht herbei. Er sieht die Aufgabe des Staats nicht bloß darin, die Marktwirtschaft sozialer und mithin erträglicher zu gestalten; vor allem soll der Staat den Kapitalismus als ordnende Kraft und «Koordinator» des Wirtschaftsgeschehens aufrechterhalten. Dazu gehören in Macrons Augen nicht nur das Wettbewerbsrecht, sondern auch der Konsumenten- und der Umweltschutz, vor allem aber die Regulierung der labilen Finanzmärkte. Große Liberalisierungsschritte im Geldwesen, auf die Neoliberale hoffen, sind in Macrons Konzept nicht vorgesehen. Denn der Staat ist auch dazu da, die Wirtschaftswelt in die gewünschte Richtung zu lenken; durch Regulierung und Subventionen richtet er die Unternehmen digitaler und ökologischer aus.

Mit Zuschüssen und günstigen Krediten unterstützt Tech-Präsident Macron massiv die Start-up-Szene, fördert das Aufkommen einer Wasserstoffindustrie und die Entwicklung CO_2-armer Flugzeuge. Renault und Peugeot erhalten Hilfen zur Entwicklung von Elektroautos. Wie seine Vorgänger glaubt Macron an Industriepolitik. Die Kronjuwelen, ob die Luxusgüter-Industrie oder der Luftfahrtkonzern Airbus, seien Früchte solcher Industriepolitik, lehrt die französische Wirtschaftswissenschaft. Und geraten übergeordnete nationale Interessen mit denen des Kapitals in Konflikt, schreitet der Staat ein.

Im Juli 2017 nationalisiert der «liberale» Macron die Schiffswerft STX und verhindert ihren Verkauf an die italienische Fincantieri, den Hollande noch bewilligt hatte. Das Élysée sieht strategische Interessen bedroht, denn STX, heute Chantiers de l'Atlantique, baut auch Schiffe für die französische Marine. 2021 verbietet Paris den Verkauf der übermächtigen Supermarktkette Carrefour an einen kanadischen Investor. Macron lehnt es ab, dass der größte Arbeitgeber des Landes und Hauptabnehmer der Landwirte in ausländische Hände fällt: Carrefour sei für die Nahrungsmittelsicherheit essenziell. «Wenn Sie zu Carrefour gehen, und es gibt keine Nudeln oder Reis, was machen Sie dann?», fragt Finanzminister Le Maire.[119]

Macron hat erfasst, dass «mehr Wohlstand» als Antwort auf alle politischen Probleme nicht ausreicht. «Wirtschaftliches Wachstum ist kein Selbstzweck; Sie liegen falsch, wenn Sie denken, dass alle Probleme gelöst werden können, solange wir Wachstum haben», erklärt Macron 2018 in seiner ersten Rede beim Weltwirtschaftsforum Davos.

Von Tony Blair bis Barack Obama sahen zentristische Politiker rund um den Globus sehr wohl, dass der Kapitalismus sich auch ungut auf Gesellschaft und Umwelt auswirkt. Zur Politik des Dritten Weges gehörte allerdings die Überzeugung, das Eintreten für ein sozialeres und ökologischeres Wirtschaften sei nur bedingt möglich und sinnvoll. Stattdessen stand das Erzeugen von Wachstum an oberster Stelle, damit der Staat die Mittel habe, um die gesellschaftlichen Kosten der wirtschaftsliberalen Politik abzufedern. Das Geld müsse verdient werden, um es dann für Sozial- oder Umweltpolitik ausgeben zu können, so die Losung. Der Staat begnügte sich mit der Rolle der Putzequipe in der Kapitalismus-Diskothek.

Doch für Macron, der Politik vom Ende her denken möchte, ist es unsinnig, erst im Nachhinein alles korrigieren zu wollen. Er will beim Wirtschaftssystem selbst ansetzen — zuallererst durch eine rigorose Regulierung der Finanzwirtschaft, aber eben auch der Realwirtschaft. Er scheut nicht davor zurück, den berühmten Code Napoléon abzuändern. Das 1804 von Bonaparte in Kraft gesetzte Gesetzbuch, das für ganz Kontinentaleuropa und darüber hinaus die Grundlagen des heutigen Zivilrechts legte, schreibt fest, Unternehmen hätten einzig den Interessen der Eigentümer zu dienen. *Shareholder value* geht also nicht erst auf den neoliberalen US-Volkswirt Milton Friedman zurück, der 1970 befand: «Die soziale Verantwortung von Unternehmen besteht darin, ihre Profite zu steigern.»

Seit 2019 sind französische Unternehmen zwar nach wie vor dem Eigeninteresse verpflichtet, jedoch «unter Berücksichtigung der sozialen und ökologischen Folgen ihres Handelns».[120] Frankreich ist das einzige Land, das diese Verpflichtung im Gesetz und nicht nur in freiwilligen Unternehmens-Kodizes festschreibt. Das ist nicht bloß Symbolpolitik: Gerichte werden sich dieses Artikels bedienen, fürchten die einen und hoffen die anderen. Bereits seit Hollande müssen französische Großunternehmen mit Strafen rechnen, wenn sie es versäumen, bei ihren Subunternehmern und Dienstleistern im Ausland der Korruption, Umweltverschmutzung und den Menschenrechtsverletzungen vorzubeugen. Den Kapitalismus «moralisieren» beziehungsweise der Freiheit der Unternehmen «Grenzen setzen», so nennt es Macron.

Bei der Wirtschaft anzusetzen, gebietet sich für Macron auch deshalb, weil sie neben der Familie die bestimmende Institution des modernen Lebens ist. Die Ökonomie darf daher nicht nur darauf verkürzt werden, den Menschen ihren Lebensunterhalt zu ermöglichen, sondern sie muss Teil eines sinnstiftenden, gemeinschaftlichen Vorhabens sein.

Es ist Aufgabe der Politik, dieses Projekt zu skizzieren, gemeinsame Ziele zu setzen, ein Kollektiv zu schaffen und in diesem Rahmen die Aufgaben und Rechte des Einzelnen zu definieren. «Das republikanische Versprechen wird erschüttert durch den globalisierten Kapitalismus und die Versprechungen gewisser monotheistischer Religionen», argumentierte Macron schon als Wirtschaftsminister. Die Republik müsse solche Kräfte zurück an den ihnen gebührenden Platz verweisen, «um das ureigene Projekt zu realisieren: dem Individuum seine Autonomie zu sichern».[121]

Die Domestizierung des Kapitalismus ist für Macron eine aufklärerische Aufgabe im Dienst der Freiheit des Individuums. Der Präsident steht da ganz in der französischen Tradition. Das bedeutet keineswegs, dass Macron die Globalisierung nicht auch preist, etwa mit dem Hinweis, in Asien seien Hunderte Millionen Menschen der Armut entkommen. Doch er zögert nicht, die Unzulänglichkeiten des Kapitalismus zu benennen. Im Gegensatz zu seinen sozialliberalen Vorläufern hat Macron zum (Markt-)Liberalismus die gesunde Distanz des Nicht-Konvertiten, der zu differenzieren weiß. Kritik am Kapitalismus verwechselt er nicht mit einem ideologischen Frontalangriff, der wiederum auf ideologischem Terrain zurückgeschlagen werden müsste.

INKOHÄRENT WIE DAS LEBEN

Der ehemalige US-Präsident Barack Obama macht in seinen Memoiren eine vielsagende Nebenbemerkung über die französische Wirtschaftspolitik. Erst bespöttelt er seinen damaligen Amtskollegen Nicolas Sarkozy, dass dieser — 1,66 Meter klein — Schuhe mit Absätzen trägt (was eigentlich unter Obamas Würde sein sollte). Dann wirft er Sarkozy vor, es fehle ihm an «ideologischer Kohärenz». Denn der Franzose habe zu Hause eine *Laissez-faire*-Politik betrieben, sich bei G20-Treffen aber als oberster Kapitalismuskritiker aufgespielt.

Den gleichen Vorwurf könnte Obama an den jetzigen Hausherrn des Élysée-Palasts richten. Lauscht man Macrons Reden beim Davoser Weltwirtschaftsforum mit geschlossenen Augen, klingt es, als spräche der marxistische Ökonom Thomas Piketty. Die «obersten 1 Prozent» hätten von der Globalisierung am meisten profitiert. Das Finanzsystem beziehungsweise die Kapitalgeber sowie die Gebildeten seien ebenso Gewinner wie die Konsumenten, die sich immer mehr billige Produkte leisten könnten.

Zu den Verlierern des Globalisierungssystems gehörten dagegen die Natur und die Arbeiter in den Industriestaaten; Letztere verlören ihre Arbeitsplätze und teils ihre Kaufkraft. Schlimmer noch sei, dass diese Mitbürgerinnen und Mitbürger ihrer Funktion als «Produzenten» und damit ihrer sozialen Rolle beraubt würden.

Soziale Ungleichheit, den Aufstieg des Populismus und den Klimawandel sieht Macron also als Folge eines kaputten Weltwirtschaftssystems und des Rückzugs des Staats. Der durch die Globalisierung bewirkte Schwund staatlicher Handlungsmacht habe in den vergangenen vier Jahrzehnten ein Ungleichgewicht zwischen Gesellschaft und Natur auf der einen und Wirtschaft und Markt auf der anderen Seite geschaffen. «Der Kapitalismus ist in der Krise», bekräftigt Macron Anfang 2021. «Mehrere Jahrzehnte nach dem Washingtoner Konsens müssen wir einen neuen Konsens formen, dessen Regeln nicht auf Staatsabbau, auf ein Zurückfahren des öffentlichen Dienstes und auf Wohlstandsgenerierung einzig für Aktionäre hinausläuft.»[122] Um diesen neuen «Pariser Konsens» zu schmieden, hat Macron das *Forum de la Paix* gegründet, eine Art Politik-Davos.

Der Präsident ist überzeugt, dass sich die illiberalen Populisten nur dann von der Macht fernhalten lassen, wenn ein neuer Ausgleich gelingt: Die Politik schützt die Bürgerinnen und Bürger vor Armut, vor den Folgen des technologischen Wandels, äußerer Gewalt, Migration und der Erderwärmung. Im Gegenzug akzeptiert die Gesellschaft Wettbewerb und eine liberale Wirtschaft.

Sarkozy wollte nur in die Schlagzeilen kommen, argwöhnt Obama in seinen Memoiren. In der Tat sind die Franzosen außerordentlich Kapitalismus-kritisch: 41 Prozent sind der Meinung, der Kapitalismus müsse grundlegend reformiert werden (in Deutschland sind es 19 Prozent).[123] Aber Obamas Kritik läuft ins Leere, zumal wenn es um den heutigen Präsidenten geht: Wo Macron gelobt, Frankreich zu reformieren und mit der modernen Welt zu versöhnen, wäre es umgekehrt wohl heilsam, dass die Welt Frankreich auf halber oder wenigstens auf einem Viertel der Strecke entgegenkäme.

Wenn Macron Angebotspolitik betreibt — also die Rahmenbedingungen verbessert, damit die Anbieter von Waren und Dienstleistungen gedeihen —, dann auch deshalb, weil in seinen Augen Frankreich nur so im globalen Wirtschaftssystem bestehen kann. Sobald das Land wirtschaftlich erstarkt, kann Paris wieder Vorbild sein — und sich in Europa und gegenüber dem Kapital besser durchsetzen: Man muss den Stier reiten, um ihn zu zähmen. Wenn Frankreich endlich «die Modernität umarme», dann gewiss «nicht, um Tabula rasa zu machen oder [dieser Modernität] unterwürfig zu dienen, sondern um sie zu erobern, ihr auf Augenhöhe zu begegnen», so Macron.[124]

Zum Beispiel in Sachen Technologiepolitik: Nach dem Vorbild Israels will Macron Frankreich zur «Start-up-Nation» machen. Die staatliche Entwicklungsbank verteilt mit der großen Kelle Milliarden an junge Tech-Unternehmen, die überdies durch Ausnahmeregelungen beim Arbeits- und Steuerrecht gefördert werden. Mit Erfolg. Frankreich zieht mittlerweile mehr privates Risikokapital für seine Tech-Branche an als Deutschland und holt gegenüber Europas Spitzenreiter Großbritannien auf.[125] Und in Brüssel drängt Macron auf die Schaffung eines digitalen Binnenmarkts. Europäische Start-ups brauchen den Freiraum, um zu wachsen; und Brüssel gewinnt als Regulierungsinstanz an Bedeutung. Erst wer Marktmacht hat, kann sich gegen die großen Unternehmen regulatorisch und gegen die *big players* wie China in Wirtschaftsverhandlungen durchsetzen.

«Die digitale Welt wurde von einer libertären Bewegung, von idealistischen Frauen und Männern geboren. Nun ist sie zu einem Oligopol einer Handvoll geworden», warnt Macron seit Jahren.[126] Der Präsident, der mit gleich zwei iPhones auf seinem offiziellen Porträtfoto posiert, will eine öffentliche Ordnung für die digitale Welt errichten. In Paris bereitet die Regierung ein Gesetz vor, das «*Gig Economy*»-Arbeitern wie Radfahrern vom Lieferdienst Deliveroo ermöglicht, sich gewerkschaftlich zu organisieren. Sie sollen die Tech-Konzerne zwingen können, in Verhandlungen über Löhne und Arbeitsbedingungen einzusteigen. In Brüssel drängt Paris auf eine EU-Steuer auf die Umsätze digitaler Großkonzerne, während Berlin skeptisch bleibt. Um den Druck auf das Kanzleramt zu erhöhen, lässt Macron eine nationale Digitalsteuer verabschieden.

Paris ist überdies treibende Kraft hinter dem europäischen *Digital Markets Act*, der darauf abzielt, den Handlungsspielraum von Giganten wie Google, Amazon, Facebook und Apple (in Brüssel auch GAFAs genannt) zu beschneiden. Die neuen Regeln machen die Konzerne verantwortlich für die Inhalte, die sie auf ihren Plattformen veröffentlichen. Sie beschränken die Marktmacht der GAFAs mit einem Verbot, Produkte von Wettbewerbern auf den eigenen Plattformen zu benachteiligen. Und das Gesetzespaket stellt sie unter strenge Aufsicht; bei Verstößen drohen erhöhte Strafgelder.

Die Politik muss die Tech-Konzerne in Europa fördern, um souverän zu bleiben, ist Macron überzeugt. Sie muss sie regulieren, um sie im Sinne der Aufklärung gesellschaftskompatibel zu machen. Der Präsident formuliert es so: «Wir tun alles, um den technologischen Wandel in Frankreich zu fördern. Aber wenn wir diesem keinen [größeren] Rahmen geben, wird Schumpeter sehr schnell Darwin ähneln.»[127] Will sagen: An die Stelle von Josef Schumpeters Theorie der «kreativen Zerstörung» träte dann der globale Darwinismus: das Überleben einzig und allein der Allerstärksten.

In den Augen des französischen Präsidenten spiegeln die Krisen der Welt eine «Krise des Kapitalismus», die im Grunde eine Krise der Politik ist. Darum reicht es bei weitem nicht, Frankreichs Wirtschaft zu stärken. Macron erklärt im Interview mit dem Onlinemagazine *Le Grand Continent*: «So wie der Sozialismus in einem einzigen Land nicht funktioniert hat, ist es ineffizient, als einzelnes Land gegen die ungleichmacherische Funktionsweise des Kapitalismus anzukämpfen.»[128] Deshalb steht die Europäische Union stets im Zentrum seines Denkens: Für Macron ist sie das beste Mittel, um den Primat der Politik über die Wirtschaft und die Souveränität in der Welt wiederzuerlangen. Der hybride Macron ist in Frankreich ein sozialer Wirtschaftsliberaler — in Europa und der Welt ein Etatist.

5

VOM MARKTEUROPA ZUM MACHTEUROPA

Bin ich von anderen abhängig,
ist es verlorene Zeit.

— BORIS VIAN

Im französischen Selbstverständnis ist die Republik ein Vermächtnis des Kampfs gegen König und Feudalherren, aber auch des Widerstands gegen die konterrevolutionären Kräfte und Monarchien in Europa, die den Gedanken der Demokratie im Keim zu ersticken versuchten. Der Universalismus — der Anspruch, dass die Werte der Französischen Revolution nicht nur zu Hause für alle Gültigkeit haben, sondern in die ganze Welt ausstrahlen — ist nicht nur der Ideenverliebtheit der Franzosen geschuldet. Und wenn sie gern Europa vereinnahmen, so tun sie dies nicht allein aus Geltungsdrang. Vielmehr konnte die junge Republik nur überleben, indem sie ein Europa schaffte, das den Umsturz der Verhältnisse, wenn auch widerwillig, akzeptierte. Und für Macron gilt heute: Die Republik kann ihre Versprechen nur einlösen, wenn Europa auch ein bisschen Frankreichs Traum träumt.

Europa hat schon deshalb einen hohen Stellenwert in Macrons Politik, weil der Kontinent kann, was Frankreich alleine nicht mehr kann. Die Europäische Union ist Macrons Antwort auf das programmierte Scheitern nationaler Alleingänge. In *Révolution* schreibt der damalige Anwärter auf das höchste Amt in der Republik: «Über die vergangenen Jahrzehnte hat in unserer Welt die Logik des Handels und der Finanzmärkte alles andere beherrscht. Die Staaten sind Bürokratien geworden, die versuchen, entweder dagegenzuhalten oder diese neue wirtschaftliche Realität zu begleiten, ohne aber wirklich die Kontrolle über sie zu erlangen.»[129]

«*Take back control!*» Das war der Slogan der Brexit-Befürworter in Großbritannien vor der Volksbefragung über die Mitgliedschaft in der EU 2016. Macron hat sich die Forderung zu eigen gemacht. «Die Bürger müssen wieder das Gefühl haben, dass sie durch die Politik die Kontrolle haben über die Wirtschaft, die Technologie, ihre Sicherheit», erklärt er während der Kampagne zur Europawahl 2019.[130] Die Briten haben aus seiner Sicht die richtige Frage gestellt, nämlich die nach der demokratischen Macht in einer globalisierten Welt, aber mit dem Austritt aus der EU die falsche Antwort gegeben.[131]

Der globalisierten Wirtschaft endlich einen politischen Rahmen zu setzen, die Erderwärmung zu bremsen, die wachsende Ungleichheit zu bekämpfen, den technologischen Wandel zu ordnen, den Welthandel umwelt- und sozialpolitisch verträglich zu gestalten: All dies lässt sich nicht mehr rein national, sondern nur im Rahmen der EU verwirklichen. Europa sei «genau die richtige Ebene», um die meisten Politikherausforderungen anzupacken, pflegt Macron zu sagen.

Zudem werde die Welt rauer. Russlands Revisionismus, Chinas Wandel zu einer imperialistischen Macht, Amerikas wiederkehrender Isolationismus und das Auftrumpfen halbstarker Mächte wie der Türkei — alle kämpften mit harten Bandagen. Lasse nun die amerikanische Hegemonie nach, dürfe sich Europa nicht schnurstracks der neuen chinesischen Vormacht unterordnen. Europa müsse seine eigene Stimme erheben, denn niemand werde sich für die Interessen des Kontinents einsetzen, wenn nicht die Europäer selbst. Die EU müsse vom Friedensprojekt über das Marktprojekt nun zum politischen Projekt reifen. Macron formuliert es in seiner berühmten Europarede vom September 2017 in der traditionsreichen Pariser Universität Sorbonne so: «Ich denke, das Ziel sollte sein, einen [europäischen] Raum zu schaffen, der uns schützt und uns hilft, in der Welt zu bestehen.»[132]

Diese für sich genommen nicht neue Erkenntnis zum Kern eines politischen Programms zu erheben, ist Macrons bahnbrechende Innovation. Er ist der erste europäische Staatschef, der seine Innen- und Europapolitik nicht nur gesamtheitlich denkt, sondern dies auch ausformuliert und danach handelt.

Jürgen Habermas, Deutschlands europäischer Weltphilosoph, klagte 2012, Europas Dauerkrisen würden die Legitimität der EU untergraben. Der Befreiungsschlag für das stets fragil-stabile Einigungsprojekt sei nur dann möglich, wenn Politikerinnen und Politiker wieder für Europa kämpften: durch kontroverse Integrationsschritte wie die Schaffung einer Fiskalunion. Doch «heute erkenne ich in ganz Europa niemanden, der einen polarisierenden Wahlkampf riskieren würde, um für Europa Mehrheiten zu mobilisieren — und nur das könnte uns retten», so damals Habermas.[133]

Fünf Jahre später wird der Philosoph erhört. In Deutschland gehen nach dem Brexit-Referendum besorgte Bürgerinnen und Bürger zu *Pulse-of-Europe*-Kundgebungen auf die Straße. In Frankreich, einem Land mit höchst ambivalentem Verhältnis zur EU, wagt Emmanuel Macron einen Präsidentschaftswahlkampf mit dem Hauptthema Europa — eine Premiere auf dem Kontinent. Mehr noch: Europa wird zu seinem Markenkern.

Will Frankreich zu einer gestaltungskräftigen Politik zurückfinden, muss es akzeptieren, dass seine Zukunft in dem Staatenbund liegt, argumentiert Macron — ein Tabubruch. Denn implizit heißt das: Allein auf sich gestellt, wäre Frankreich nicht handlungsfähig. In der *État-Nation* tut sich die Politik, ob rechts oder links, nach wie vor schwer mit dem Eingeständnis, dass der einst allmächtige Staat immer öfter an Grenzen stößt. Die größte linke Oppositionspartei France Insoumise («Unbeugsames Frankreich») beteuert, das Land könne einsam und allein seine Politik durchsetzen und damit glücklich werden. Zu Beginn der Legislaturperiode 2017 stellt die linkspopulistische Partei den Antrag, die Europa-Flagge aus der Nationalversammlung zu entfernen. Marine Le Pens Rassemblement National hat unterdessen den EU-Austritt aus dem Parteiprogramm gestrichen, will aber Europa «zurückbauen».

Typisch Macron: Seine revolutionäre Europapolitik ist eine Kopfgeburt. Er habe eine fröhliche, obschon etwas zurückgezogene Kindheit vor allem in Gesellschaft von Büchern verbracht, schreibt er in *Révolution*. «Ich reiste nur geistig. Ich lernte die Natur kennen, die Blumen und Bäume durch die Darstellung der Schriftsteller und durch den Zauber, den sie hervorriefen. Bei Colette erfuhr ich, was eine Katze oder eine Blume ist, und bei Jean Giono lernte ich den kalten Wind der Provence und die Wahrheit von Charakteren kennen.»[134] Auch die Liebe zu seiner Frau beschreibt er zunächst als «intellektuelle Komplizenschaft».[135] Bei Frankreichs Präsident geht Liebe durch das Hirn.

Will er seine Zuneigung zu Europa und Deutschland belegen, spricht er von seiner Lektüre Georg Wilhelm Friedrich Hegels oder Friedrich Schillers. Er schwärmt von deutschen Komponisten: Robert Schumann «vermittelt Bilder und Gefühle, die ich nirgends anders gefunden habe»; Mozart sei «doch der Genialste, was furchtbar banal klingt».[136] In einer Rede vor dem Bundestag 2018 erklärt es Macron zur deutsch-französischen Aufgabe, den «europäischen Gedanken» und damit «den Traum Erasmus', Goethes, Hugos und Zweigs zu verwirklichen».[137] «Wer Kant und Hegel hervorgebracht hat, kann sich nicht abschotten», antwortet Macron der FAZ-Korrespondentin Michaela Wiegel auf die Frage, warum denn eigentlich Berlin mit ihm europapolitisch zusammenarbeiten solle.[138] Der Rückzug ins Nationale sei keine Option für die Kulturnation in der Mitte des Kontinents. (Man mag ihm Heinrich Heine entgegenhalten, der schon 1831 vermerkte, dass Deutschlands Philosophen radikal und großzügig träumten, den Schritt zur revolutionären Praxis aber den Franzosen überließen.)

Bis auf sein Praktikum an der französischen Botschaft in Nigeria war Macron nie länger im Ausland. Zweimal hat er an einem Schüleraustausch nach Dortmund teilgenommen und in der Schule Deutsch als Fremdsprache gewählt (in Frankreich eine elitäre Wahl, weil die Sprache als sehr schwierig gilt und darum die Deutschklassen ein Sammelbecken der ehrgeizigsten Schülerinnen und Schüler sind). Aber «gelebt» und «erlebt» hat Macron Europa nicht. Ein europäisches Kontaktnetz baut er sich erst auf, als er im Auftrag von Hollande gegen den Plan des deutschen Bundesfinanzministers Wolfgang Schäuble mobilisiert, Griechenland aus der Währungsunion zu drängen. Yanis Varoufakis, damals Griechenlands Finanzminister, rechnet Macron das bis heute hoch an; 2017 rief er die französische Linke auf, im zweiten Wahlgang für den wenigstens in der Europapolitik «seltenen Verbündeten» zu stimmen.[139]

Macrons unbedingter Europa-Wille ist umso erstaunlicher, als er einst am anderen Ende des europapolitischen Spektrums stand. Als Student unterstützte er bei den Präsidentschaftswahlen 2002 die Kampagne des Linksnationalisten Jean-Pierre Chevènement. Dieser Politiker ist ein Fixpunkt der zahlreichen sozialistischen Europa- und Deutschland-Skeptiker in Frankreich. Chevènement prägte das Bonmot: «Ein Minister hält die Klappe. Will er sie öffnen, demissioniert er.» Er selbst redet bis heute gern und vollbrachte das Kunststück, unter François Mitterrand gleich zweimal als Minister zurückzutreten: das erste Mal 1983 nach Mitterrands wirtschaftsliberaler Wende, das zweite Mal 1991 aus Protest gegen Frankreichs Beteiligung am zweiten Golfkrieg. Dem Souveränisten Chevènement missfällt Frankreichs NATO-Mitgliedschaft, leidenschaftlich warb er für ein «Nein» bei den Referenden zum EU-Vertrag von Maastricht (1992) und dem europäischen Verfassungsvertrag (2005). Er wettert gegen die «neoliberale EU» und hält die Schaffung des Euros für einen Fehler.[140]

Macron und Chevènement — wie geht das auf? Auch der heutige Präsident grenzt sich von den Vereinigten Staaten ab, auch er betrachtet den Euro als eine schadhafte Halbkonstruktion und erklärt, Europa könne nicht nur Markt sein. Ihre Analysen ähneln sich, die beiden Politiker stehen bis heute in Briefkontakt. Nur hat Macron längst eine andere Antwort auf Lenins berühmte Frage «Was tun?» gefunden. Frankreichs Präsident will schlicht nicht glauben, dass irgendetwas besser würde, wenn sich Frankreich selbstbezogen in das *Hexagone* (wie die Franzosen ihre Nabelschau zu umschreiben pflegen, denn die geografische Form des Landes ist ein Sechseck) zurückzöge. Ja, Europa funktioniere nicht. Genau deshalb bedürfe es des europäischen Quantensprungs.

Macrons Europa-Elan ist eine Flucht nach vorn: Für den Kopfmenschen ergibt es Sinn, für den geschichtsbewussten Präsidenten ist Europa ein Imperativ. Macron spricht von den Soldaten, die in seiner Heimat Picardie, im Ersten Weltkrieg von Schützengräben durchzogen, unter der Erde liegen. Er erzählt von seinem Großvater, der einen Weltkrieg später vier lange Jahre in deutscher Kriegsgefangenschaft verlebte. Nie wieder dürfe so etwas passieren. Wenn er dies sagt, beben Stimme und Körper, die Vehemenz ist nicht gespielt. In seiner Rede 2018 vor dem Deutschen Bundestag zitiert er Goethe: «Und so, über Gräber vorwärts.»

DIE VISION

«Ich bin gekommen, um über Europa zu sprechen», beginnt Macron am 26. September 2017 an der Sorbonne seine erste Europa-Rede als Staatspräsident und fügt an: «‹Schon wieder›, werden einige einwenden. Sie werden sich daran gewöhnen müssen.»

In der Tat lässt Macron als Kandidat wie als Präsident nicht locker. Stets fordert er den großen Wurf: eine europäische Kontrolle ausländischer Investitionen in «strategische» Industrien; eine Industriepolitik, um europäische Unternehmen in Schlüsseltechnologien wie 5G oder Computerchips zu stützen; Zölle auf Produkte ausländischer Staatskonzerne; die Stabilisierung des Euro dank einer gemeinsamen Einlagensicherung für Banken und dank eines Budgets der Eurozone, um Konjunkturstürze zu dämpfen; eine europäische Rüstungspolitik, die den Namen verdient, und, und, und. Um all dies zu finanzieren, fordert er eine GAFA-Steuer und eine CO_2-Grenzsteuer: Einfuhren aus Ländern, die klimaschädlich wirtschaften, sollen mit diesem «Klimazoll» belegt werden.

Mit seinen Reformideen verfolgt Macron ein doppeltes Ziel: Zum einen sollen sie die Grundlagen für solides Wirtschaften auf dem Kontinent legen. Ohne den Eurozonen-Haushalt oder etwas Ähnlichem ist die Währungsunion über kurz oder lang dem Untergang geweiht, ist Macron überzeugt. (Und das wissen auch die meisten deutschen Volkswirte; in einem berühmten Manifest hatten sie 1992 in der *Frankfurter Allgemeinen Zeitung* darum vor der schnellen Einführung des Euro gewarnt, die «hohe Transferzahlungen im Sinne eines Finanzausgleichs» bedingen würde.)[141]

Zum anderen soll die EU zum geopolitisch handlungsfähigen Akteur heranwachsen. Gelänge die Stabilisierung der Währungsunion, könnte aus dem Euro eine Weltwährung werden. Das würde die Europäer von der Herrschaft des Dollars und des US-Finanzsystems lösen, das Washington als Hebel seiner oft unilateralen Außenpolitik nutzt. Nur so könnte Europa zum Beispiel eine eigenständige Iran-Politik verfolgen oder Berlin die amerikanischen Sanktionen in Sachen Ostseepipeline Nord Stream 2 abwehren. Und nur so könnte Europa die Abhängigkeit vom totalitären, machtpolitisch auftrumpfenden China mindern. Wenn Macron in der Frage der 5G-Mobilnetze darauf drängt, dass die Europäer auf die skandinavischen Anbieter Ericsson und Nokia statt auf staatsnahe chinesische Unternehmen wie Huawei setzen, begründet er das so: «Wenn wir nicht gemeinsam handeln, kann ich in fünf Jahren meinen Mitbürgern nicht mehr sagen: Eure Daten sind geschützt.»[142]

Der Staatspräsident und Oberbefehlshaber der Armee in Personalunion erhofft sich, dass Europa eines Tages Verantwortung für die eigene Sicherheit übernimmt: Nur wer sich selbst verteidigen kann, ist souverän. Laut Napoleon macht «jeder Staat die Politik seiner Geographie». Auch die Vereinigten Staaten und Europa haben allein schon aufgrund ihrer Lage auf der Weltkarte unterschiedliche Interessen, wird Macron nicht müde zu betonen. Syriens Flüchtlinge gelangen auf dem Landweg nach München, nicht nach Philadelphia. Was in Bamako geschieht, hat kaum Auswirkungen auf das Leben in Washington, aber sehr wohl auf das in Paris. Zudem sind die Amerikanische und die Französische Revolution zwar für Macron die Geburtsstunden der «freien Welt», aber in ihren Idealen keinesfalls deckungsgleich.

Frankreichs Elite ist gewiss nicht Avantgarde, wenn es um die Aufarbeitung der eigenen Geschichte geht. Sehr wohl erinnert man sich aber daran, dass auf Washington nicht immer Verlass war. Von Pariser Warte aus war Donald Trumps *America-First*-Politik historisch betrachtet nur bedingt eine Ausnahme; die Instinkte vieler Amerikaner gelten als durch und durch isolationistisch. Washington blieb in beiden Weltkriegen zunächst neutral. Die Vereinigten Staaten traten erst in die Kriege ein, nachdem Deutschland den U-Boot-Krieg auf US-Handelsschiffe ausgeweitet (1917) und Japan die US-Basis Pearl Harbor im Pazifik angegriffen hatte (1941). Darum pocht Macron unter anderem auf europäische Kooperationen beim Herstellen von Rüstungsgütern wie Kampflugzeugen oder Panzern und gemeinsame Militäreinsätze wie in Mali zur Stabilisierung der Sahel-Zone.

Macron macht ganz praktisch vor, wie sich europäisches Klein-Klein auf der Weltbühne überwinden lässt. Beim Paris-Besuch des chinesischen Präsidenten Xi Jinping 2018 lädt er Kanzlerin Angela Merkel und den EU-Kommissionspräsidenten Jean-Claude Juncker dazu. Zum Gegenbesuch in Peking nimmt er deutsche Minister, den designierten EU-Handelskommissar und eine Gruppe deutsch-französischer Konzernchefs mit. Doch wenn Frankreichs «Europa-Präsident» seine Agenda und Reformschritte (wie die Abschaffung der Einstimmigkeit bei EU-Entscheidungen zur Außenpolitik) durchsetzen möchte, braucht er mehr als Symbole und Gesten, nämlich viel politischen Willen und Schwung.

Macron weiß: Die Vertiefung der Europäischen Union ist in seinem Land und im Rest des Kontinents umstritten. Und Frankreich ist stets Motor und Bremser der europäischen Einigung zugleich gewesen. Robert Schuman (Europäische Gemeinschaft für Kohle und Stahl), Jean Monnet (Europäische Wirtschafts- und Atomgemeinschaft), Jacques Delors (europäischer Binnenmarkt), François Mitterrand (Währungsunion): Franzosen setzten die großen europäischen Visionen ins Werk. Doch regelmäßig waren es wiederum Franzosen, die solche auch beerdigten. 1954 stoppte die Nationalversammlung die Europäische Verteidigungsgemeinschaft, die zur Aufstellung einer europäischen Armee geführt hätte. Stattdessen trat die Bundesrepublik dann der NATO bei. 1965 legte Charles de Gaulle mit seiner «Politik des leeren Stuhls» die EU-Vorläuferin lahm, indem französische Vertreter den Sitzungen fernblieben. 2005 lehnten die Französinnen und Franzosen den Europäischen Verfassungsvertrag ab. Danach versiegte bei vielen in Europa der Wille und die Lust, über die weitere europäische Einigung nachzudenken, geschweige denn, sie auf ihre Fahnen zu schreiben.

Hier setzt Macron vom ersten Tag seiner Amtszeit an. Er kippt die von den Sozialisten beschlossene Bildungsreform, die in der Mittelstufe das Erlernen von nur einer Fremdsprache vorsah — also faktisch meistens Englisch und nicht noch zusätzlich Deutsch, Italienisch oder Spanisch. Vor allem wird Macron zu Hause nicht müde, Brüssel zu preisen. Er sagt Sätze wie: «Wir lieben Europa.» Auf die Werbeflächen aller Projekte, die vom Pandemie-Konjunkturpaket finanziert werden, lässt er neben die Trikolore eine europäische Flagge kleben. Er feiert den Umzug der europäischen Bankenaufsicht und einiger Konzerne von Brexit-Britannien nach Frankreich. Bei den Europawahlen 2019 lautet der Slogan der Macron-Partei LREM «Europa zu einer grünen Macht machen». Auf Flugblättern steht überdies «Ich besteuere die GAFA».[143] Als eine Journalistin Anfang 2021 die britische Impfkampagne lobt, erwidert Europa-Staatssekretär Clément Beaune kühl, Frankreich habe dieselbe Bevölkerungszahl, aber 40 000 weniger Tote.

Die EU könne zur maßgeblichen Instanz auf wesentlichen Feldern der Politik werden, wenn sie sich weiter demokratisiere, ein Gefühl der Zusammengehörigkeit unter den Europäerinnen und Europäern wecke und eine «europäische Öffentlichkeit» entstehe — das schrieben bereits 2003 die Philosophen Jacques Derrida und Jürgen Habermas.[144] Und auch Macron will Europa Elan verleihen. Er hält es für «dringlich, ideologische Arbeit» zu leisten, auf dass sich Europa aus der Lethargie löse. «Wir haben eine Art kollektiven Defätismus zugelassen. Wir lassen vor allem jene zu Wort kommen, die Europa hassen und es aufgeben wollen», erklärt Macron 2017 in seiner Rede an der Sorbonne.

Der Präsident macht Politik nach der Art von Antonio Gramsci, der erst die Köpfe ideologisch erobern wollte, um politisch die Macht zu erringen. Für den antifaschistischen italienischen Philosophen, der gerade auch bei französischen Reaktionären *en vogue* ist, galt: «Ideen und Meinungen werden nicht spontan in jedem einzelnen Gehirn ‹geboren›: Sie hatten ein Zentrum, wo sie geformt wurden, ein Zentrum der Verbreitung, der Überzeugung — eine Gruppe oder sogar ein einzelnes Individuum, das sie entwickelt und als die politische Form der gegenwärtigen Realität präsentiert hat.»

Macron ist überzeugt: Die Wählerinnen und Wählern hegen den Wunsch nach «Europa». Aber der muss auch erweckt werden. Die EU muss wieder als politisches Projekt begriffen werden, nicht als Verhandlungssache namenloser Diplomaten und Juristen. «Was wollen wir? Wie soll unser Europa aussehen?» Die Debatte darüber werde ein ideologisches Fundament für mehr europäisches Handeln legen.[145] In einer Europa-Konferenz, die auf dem ganzen Kontinent Bürger, Zivilgesellschaft und Politiker zusammenführen soll, möchte er solche Fragen erörtern. Die Konferenz soll auch den Weg zu institutionellen Änderungen ebnen: zum Beispiel zu länderübergreifenden Listen für die Wahlen zum Europaparlament, das dann allein die Spitzen der EU berufen sollte. Eine solche transnationale Demokratie ist in Macrons Augen unabdingbar für das Entstehen eines «wahren europäischen Demos» — er würde diesen Plan gern im Hinblick auf die Europawahl 2024 in Angriff nehmen, sagte er im Interview mit *Le Grand Continent*. Eine Revision der EU-Verträge wäre für Frankreich kein Tabu mehr, da gebe es «keine roten Linien, sondern nur Horizonte».

Der «Ideenreisende» tourt durch den Kontinent, um seine Europa-Vision zu verkaufen: auch in kleine Länder wie die baltischen, die nordischen, die mittel- und osteuropäischen EU-Mitglieder. Bei Polen lässt er sich mit einer Visite allerdings bis 2020 Zeit, Ungarn hat er bislang ganz ausgelassen. Zu dem niederländischen Ministerpräsidenten Mark Rutte, der lange Zeit Wortführer der *frugals*, der Wirtschaftsliberalen und Sparsamen in der EU war, baut Macron ein persönliches Verhältnis auf. Der Franzose hat schnell begriffen, dass nach dem Brexit Rutte als Sprecher des liberalen Lagers in der EU zu einem unumgänglichen Gesprächspartner geworden ist.

Macrons Politik ist ein Novum: Seine Vorgänger verwendeten kaum Zeit auf den Aufbau eines Beziehungsnetzes mit «Kleinstaaten», obwohl 20 der 27 EU-Mitglieder weniger als zwölf Millionen Einwohner zählen. Macrons Kopenhagen-Trip war der erste bilaterale Besuch eines französischen Staatspräsidenten seit 36 Jahren, der Ausflug nach Helsinki der erste seit 19 Jahren. Seine Diplomaten schickt er in Europas Hauptstädte mit der Order, sie sollten ähnlich wie die Deutschen Kontakte knüpfen und Vertrauen schaffen. Auf der Botschafterkonferenz 2018 ermuntert Macron seine Spitzendiplomaten: «Wir haben Überzeugungsarbeit zu leisten, müssen die tiefere Dynamik der europäischen Länder verstehen und starke bilaterale Beziehungen aufbauen, um unsere Europapolitik abzustützen. Europa macht man nicht allein in Brüssel, Paris oder Berlin: Wir müssen auf eine laufende, jedoch nichthegemonische Verbreitung unserer Ideen und unserer Projekte bauen.»[146]

Das zweite Novum? Macron umgarnt die Deutschen in Interviews, denn: «Wir sind durch einen Mangel an Vertrauen zwischen Deutschland und Frankreich blockiert.»[147] In Europa sei Fortschritt nur möglich, wenn sich beide Länder ein Herz fassten. Doch seit Mitterrand lief zwischen Berlin und Paris einfach nur das Allernötigste. So wirbt Macron, Deutschland solle zu Frankreich wieder Vertrauen fassen. Berlin verstehe vielleicht nicht immer, was Paris wolle und sage, aber «denken Sie daran, Frankreich liebt Sie», säuselt Frankreichs Präsident vor den verdutzten Abgeordneten im Deutschen Bundestag.

Diese wussten nicht wirklich, wie mit so viel Emotionalität umzugehen sei. Aber Macrons Deutschland-Umarmung ist auch für französische Maßstäbe außergewöhnlich. Chirac, Sarkozy und Hollande versuchten zu Beginn ihrer Amtszeit, Berlin die kalte Schulter zu zeigen. Lieber werkelten sie an Allianzen mit den Südeuropäern und bauten wacklige Drohkulissen auf, um aus einer Position der Stärke mit Schröder oder Merkel ins Gespräch zu kommen. Alle brüsteten sich damit, «hart» mit Deutschland sein zu wollen.

Hintergrund war eine in Frankreich ziemlich offen gelebte Deutschland-Feindlichkeit bei Politikern quer durch die politischen Lager. 2015 veröffentlichte Linksaußen Jean-Luc Mélenchon ein Buch mit dem Titel *Bismarcks Hering (Das deutsche Gift)*. Das vom «Finanzkapital deregulierte Deutschland» stürze Europa wieder einmal in die Katastrophe. Mélenchon schlug vor, Paris solle von Berlin Wiedergutmachung für die beiden Weltkriege fordern. Am Ende der Fernsehdebatte vor dem zweiten Wahlgang 2017 höhnte Marine Le Pen: «Frankreich wird ab Sonntag von einer Frau regiert: entweder von mir oder von Frau Merkel — das ist die Wahrheit.»

Schon Sarkozy wunderte sich: «Würden Sie in Deutschland Ferien verbringen?» Und Merkel setzte sich ihrerseits auch nicht allzu stark für eine Annäherung ein. Man muss kein Gedankenleser sein, um zu spüren, dass Sarkozy und zumal Hollande sie wenig beeindruckten. Nach Frankreich verirrt sich Merkel bis heute nur, wenn sie muss. Ihren Urlaub verbringt die Kanzlerin lieber auf der Insel Ischia im Golf von Neapel oder im majestätischen Oberengadin in der Eidgenossenschaft.

Langsam aber wandelt sich das Deutschlandbild der Franzosen, namentlich der Jüngeren. Kontinuierlich steigt die Zahl französischer Touristen, die den Sprung über den Rhein wagen. Doch dass Macron die Nähe zu Deutschland sucht, ist für ihn trotzdem ein Risiko. Fliegt er als Kandidat nach Berlin, um auf Englisch eine Humboldt-Rede zu halten, wittern seine Konkurrenten Verrat. Und nicht nur Le Pen echauffiert sich, wenn ihr Präsident erklärt, die rigorosen Versailler Friedensverträge am Ende des Ersten Weltkriegs hätten in Deutschland «Salz auf die offenen Wunden gestreut», und einflicht: «Ich weiß, dass ganz Europa den Preis für ein extremes Verlangen nach Reparationen bezahlt hat.» Spätestens da munkelt mancher konservative

Franzose: Ist Merkel-Lover Macron gegenüber Deutschland so unterwürfig, dass er sogar anklingen lässt, Frankreich trage einen Teil der Verantwortung für den Zweiten Weltkrieg?

GEMISCHTE BILANZEN

Macrons europäische Charmeoffensive gefällt den einen, bei anderen löst sie Nervosität bis hin zur Beklemmung aus. Manchmal lohnt sie sich, oft ist sie wenig effektiv.

Die Erfolge? Der Präsident setzt eine Verschärfung der EU-Regeln gegen Lohndumping gemäß dem Grundsatz «gleicher Ort, gleiche Arbeit, gleicher Lohn» durch. Nach Frankreich entsandte Bauarbeiter aus Polen oder Portugal müssen zu denselben Löhnen und Arbeitsbedingungen wie ihre Kollegen vor Ort angestellt werden. Für Macron ist das ein wichtiger Sieg, um das in Frankreich weit verbreitete Bild der «neoliberalen EU» zu korrigieren. Anklang findet auch sein Vorschlag eines EU-weiten Kontrollmechanismus, um ausländische — sprich: vor allem chinesische — Investitionen in Unternehmen mit strategischer Bedeutung zu prüfen. China und seine Staatskonzerne sollen nicht länger europäische Infrastruktur und damit Erpressungspotenzial erwerben. Auch wird die Idee eines Europäischen Verteidigungsfonds Realität, der europäische Rüstungsprojekte finanziert. Europa soll damit seine Abhängigkeit vom amerikanischen Militärapparat verringern.

Und Macron geht als Gewinner aus dem Poker um die Neubesetzung der EU-Topjobs nach den Europawahlen 2019 hervor. Mit der weltgewandten und in Deutschland geschätzten Französin Christine Lagarde an der Spitze der Europäischen Zentralbank darf er sich darauf verlassen, dass die EZB ihre pragmatische Geldpolitik im angelsächsischen Stil weiterführt und folglich die Zinslast auf Frankreichs Staatsschulden im verkraftbaren Rahmen bleibt. Ursula von der Leyen ist Macrons Wunschkandidatin als Präsidentin der

EU-Kommission. Berlin muss nämlich an oberster Stelle eingebunden werden, wenn die ambitionierten Politikvorschläge der EU-Kommission eine Chance haben sollen, verwirklicht zu werden. Der belgische EU-Ratspräsident Charles Michel ist ohnehin ein *copain* (Kumpel).

Die Misserfolge? Macron läuft mit seinen Reformplänen auf. Europas Regierungschefs zeigen wenig Lust, mit ihm öffentlich die Zukunft der EU zu entwerfen. Viele sehen nach Jahren des Krisenmanagements keinerlei Dringlichkeit dafür. Jedoch hat der Präsident die Hängepartie auch selbst zu verantworten. Mit seinem forschen Auftreten wirkt er stets ein bisschen arrogant. Und wo Frankreichs Präsident vorgibt, im Namen Europas zu sprechen, verfolgt er seine nationalen Interessen auch mal ohne jede Rücksicht auf EU-Partner — vor allem in der Außenpolitik handelt er oft eigenmächtig.

So verspielt Macron in Italien in unschöner französischer Tradition rasch viel guten Willen. Im Sommer 2017 lässt der frisch gewählte Präsident die italienisch-französische Grenze engmaschig kontrollieren. In Ventimiglia bildet sich ein Rückstau aus Migranten. Obendrein sperrt er Frankreichs Häfen für Flüchtlingsrettungsbote. Gleichzeitig düpiert Macron den italienischen EU-Partner bei der Libyen-Politik. Italien unterstützt seit langem die von den Vereinten Nationen anerkannte Regierung in Tripolis, die den Westen des Bürgerkriegslands kontrolliert. Von dort aus legen die meisten Flüchtlingsboote ab. Und so unterstützen Rom und Brüssel die Regierung auch unter der Bedingung, dass sie den Schleusern das Handwerk legt. Macron dagegen fördert den libyschen Warlord Chalifa Haftar, den starken Mann im Osten. Migranten sind Roms Problem. Für Paris hat das Eindämmen islamistischer Rebellen, die zusehends die Sahelzone destabilisieren und Libyen als Rückzugsgebiet nutzen, oberste Priorität. Haftar scheint der effizientere Partner zu sein, um die Islamisten zu besiegen.

Macrons unilaterales Vorgehen facht südlich der Alpen antifranzösische Ressentiments an. Im Frühjahr 2018 gewinnen die rechtspopulistische Lega und die linkspopulistische Fünf-Sterne-Bewegung die Parlamentswahlen, beide haben sich im Wahlkampf mit Macron-Kritik hervorgetan. In Mittel- und Osteuropa verspielt Macron viel Sympathie, auch weil er sofort nach Amtsantritt auf Konfrontationskurs mit den national-konservativen und autoritären Regierungen in Warschau und Budapest geht. Ohne Verzug baut er Druck auf. Mit ihm werde es im neuen EU-Budget (2021–27) kein Geld für Länder geben, die rechtsstaatliche Grundsätze wie die Gewaltenteilung und die Medienfreiheit untergrüben. Anders könne er gegenüber den Franzosen ihre beträchtlichen Transferleistungen nach Mitteleuropa nicht rechtfertigen (denn nicht nur Deutschland, auch Frankreich ist seit langem ein Nettobeitragszahler der EU und sieht sich auch so).

Richtig prekär wird es, als Macron im Sommer 2019 einen Dialog mit Russland zur Sicherheitspolitik eröffnet. Nur im Gespräch könne man die Konflikte in Syrien, Libyen und der Ukraine entschärfen. Der Ansatz entspricht zwar durchaus der deutschen Russland-Politik: Paris macht Moskau keine Zugeständnisse und unterstützt die von der EU verhängten Sanktionen angesichts der völkerrechtswidrigen Annexion der Krim 2014 und des separatistischen Kriegs in der Ostukraine. Aber Macron konsultiert die mitteleuropäischen EU-Partner kaum, die Russlands neoimperialistische Politik fürchten. Schlimmer noch: Der Präsident gibt den Russland-Versteher, indem er insinuiert, Europa habe sich Moskaus revanchistische Politik ein Stück weit selbst zuzuschreiben, da es Moskauer Interessen in der Vergangenheit kaum berücksichtigt habe. Das sehen die mitteleuropäischen Staaten, die sich als souveräne Demokratien und nicht als Subjekt russischer Großmachtinteressen sehen, naturgemäß anders.

Macron mag zwar der pro-europäischste Präsident sein, den Frankreich je hervorgebracht hat. Aber in der Außenpolitik handelt er oft noch in der gaullistischen Tradition. Wenn Frankreich auch keine Weltmacht mehr sei, so solle es sich eine Sonderstellung im westlichen Lager sichern, indem es mit allen anderen Lagern rede — so die von de Gaulle praktizierte Linie. Diese «Diplomatie der freien Hand» bewog Paris, das kommunistische China bereits 1964 anzuerkennen und einen Draht zur Sowjetunion zu suchen, die der General 1966 in einer Reise von Kiew nach Nowosibirsk bereiste. Doch solche «Ostpolitik *avant la lettre*» war damals mit Bonn abgesprochen.

Auch Macron sieht Frankreich als eine «Gleichgewichtsmacht», die klar dem Westen zugeordnet ist, aber Nutzen daraus zieht, auch eigene Wege zu gehen. So bemüht sich der Präsident, Neuverhandlungen des Atomabkommen mit Iran zwischen der Trump-Regierung und Teheran auf den Weg zu bringen; er agiert als Mittler in der Libanon-Krise und versucht im Alleingang, die libyschen Bürgerkriegsparteien zu einem Friedensschluss zu drängen. Solche Initiativen laufen regelmäßig ins Leere. Aber gewinnen könne man nur, wenn man es wenigstens versucht, rechtfertigt sich Paris.

Macrons Aktivismus auf internationalem Parkett hat Frankreich wenigstens wieder auf die geopolitische Landkarte gesetzt. Ein französischer Diplomat freut sich: «Seit Macron werden wir endlich ernst genommen. Alle wollen mit uns reden, fragen danach, was wir von anderen hören.»[148] Dem Vorwurf, sein Unilateralismus in der Außenpolitik untergrabe seine Europa-Agenda, begegnet Macron im SPIEGEL-Interview mit den Worten: «Europäer zu sein, bedeutet ja nicht, seine Unabhängigkeit aufzugeben oder selbst keine Initiativen mehr ergreifen zu können. Wir sind 27. Heißt das, dass es verboten ist, dass einige von uns ehrgeiziger sind als andere? Nein, sonst käme es zum Stillstand, und wir würden uns selbst Fesseln anlegen.»

Das Argument hat Gewicht; tatsächlich scheitert Europa bei der Formulierung einer stimmigen Außenpolitik oft an internen Meinungsverschiedenheiten. Wie aber soll Macrons Vision einer EU als eigenständiger geopolitischer Akteurin Gestalt annehmen, wenn ihr Vordenker nicht mit dem guten Beispiel vorangeht? Die französische Eigen-Außenpolitik kostet Glaubwürdigkeit in der Europapolitik. Mit seiner selbsterwählten Libero-Position im Team «Freie Welt» treibt es Macron auf die Spitze, als er im Gespräch mit dem *Economist* die NATO für «hirntot» erklärt.[149]

Natürlich hat er nicht ganz unrecht. US-Präsident Donald Trump selber hatte das transatlantische Bündnis vor Amtsantritt als «obsolet» abgetan und damit das amerikanische Sicherheitsversprechen infrage gestellt. Trumps Desinteresse an der Sicherheit Europas und an der NATO zeigte sich drastischer noch beim Abzug der amerikanischen Truppen aus Nordsyrien. Die darauffolgende Offensive der Türkei verhalf inhaftierten IS-Terroristen zur Flucht. Trump meinte achselzuckend: «Nun ja, die werden nach Europa flüchten. Dorthin wollen sie gehen. Sie wollen nach Hause.»[150]

Immanuel Kant, der Aufklärungsphilosoph aus dem heutigen Kaliningrad, seinerzeit Königsberg, vertrat die Ansicht, man müsse immer die Wahrheit sagen. Die Lüge untergrabe das gegenseitige Vertrauen in einer Gesellschaft und verhindere es, rationale Entscheidungen zu treffen. In diesem Sinn brachte der «Hirntot»-Kommentar des französischen Präsidenten eine unbequeme Wahrheit in die Debatte ein, die Europa weiterbringen sollte. Macron wollte die Aussage als «Weckruf» verstanden wissen, damit sich die NATO neu aufstelle. Doch die Wahrheit zu sagen, kann auch Schaden anrichten. Kant erklärte, selbst wenn ein Mörder an der Tür klingele und frage, ob die Person, die er töten wolle, zu Hause sei, müsse man die Wahrheit sagen. Für die Osteuropäer fühlt es sich so an, als tue Macron genau das.

REALISMUS UND GAULLISMUS

Die Polemik in Sachen NATO ist umso unergiebiger, als Macron damit den oberflächlichen Antiamerikanismus mancher Franzosen bedient — der darüber hinwegtäuscht, dass die Vereinigten Staaten und Frankreich in der geopolitischen Praxis engste Partner sind. Charles de Gaulle formulierte es 1965 so: «Wer ist denn in Wahrheit der standhafteste Alliierte der Amerikaner, wenn nicht Frankreich? … Würde es zum Schlimmsten kommen und die Freiheit der Welt in Gefahr sein, wer würden nicht die offensichtlichsten Verbündeten sein, wenn nicht Frankreich und die Vereinigten Staaten?»[151] Frankreich ist das einzige große Land Westeuropas, das nie gegen die Vereinigten Staaten Krieg führte, sondern im Gegenteil den Freiheitshelden und General Marquis de Lafayette in den amerikanischen Unabhängigkeitskrieg entsandte.

Die Franzosen sind gegenüber den Amerikanern zugleich freier und zuverlässiger. Beim Thema China, der zentralen geopolitischen Frage des frühen 21. Jahrhunderts, ist Paris viel näher an der Position Washingtons als an der Berlins. Macron schließt das Staatsunternehmen Huawei vom Ausbau des 5G-Netzes de facto früh aus. Paris ist der Treiber der China-kritischen EU-Initiativen in der Handelspolitik. Macron lässt Fregatten und U-Boote durch die Straße von Taiwan patrouillieren. Verteidigungsministerin Florence Parly schreibt auf Twitter, dies sei der «Beweis», dass Frankreichs Marine mit ihren strategischen Partnern Australien, Japan und den Vereinigten Staaten auch am anderen Ende der Welt kooperieren könne.[152] Pekings englischsprachiges Staatsmedium *China Daily* titelt daraufhin irritiert: «Frankreichs Militär hat im Südchinesischen Meer nichts zu suchen.»[153]

Und selbst wenn Macron die eigenständige Verteidigungsfähigkeit der Europäer stärken möchte: Den Rückzug der Amerikaner aus Europa will er auf keinen Fall. Verteidigungsministerin Parly veranschaulicht das: «Sich zwischen Europas strategischer Autonomie und der transatlantischen Allianz zu entscheiden, ist so, wie wenn man ein Kind fragt, ob es Mutter oder Vater bevorzugt.» Vor allem klagt

Paris, dass Washington Russland, die Türkei und andere autoritär regierte Staaten in Europas Nachbarschaft einfach gewähren lasse.

Für Frankreichs außenpolitisches Establishment war eine Episode aus dem syrischen Bürgerkrieg ein Schlüsselmoment. Washington, London und Paris hatten öffentlich erklärt, der Einsatz chemischer Waffen gegen die Zivilbevölkerung sei eine «rote Linie». Im Sommer 2013 griff Diktator Baschar al-Assad trotzdem zu dem massenmörderischen Mittel. Ein Vergeltungsschlag wurde vorbereitet, doch dann untersagte das britische Parlament eine Beteiligung Londons an dem Einsatz. Und danach blies Obama die Aktion ganz ab. Paris wollte Vergeltung und stand plötzlich alleine da. «Wir haben richtigerweise vor den Risiken einer US-Hypermacht gewarnt. Aber besteht nun das eigentliche Risiko darin, dass die Vereinigten Staaten ihre Macht nicht ausüben?», fragte bereits Hollande,[154] der die Schuld für Russlands Annexion der Krim ebenfalls auf Obamas Konto verbuchte. Durch den Verzicht darauf, die «rote Linie» in Syrien durchzusetzen, habe der Westen sein Abschreckungspotenzial verloren.

Macron, der die Krise als Hollandes Berater hautnah miterlebte, teilt diese Sichtweise. «Abschreckung» ist das zentrale Konzept in seiner Grundsatzrede zur Verteidigungspolitik im Februar 2020: Weil die Vereinigten Staaten den Autokraten in Europas Nachbarschaft nicht mehr die Stirn bieten wollten, müsse Europa an die Stelle Amerikas treten. Nur wer stark sei, werde ernst genommen. Diplomatie könne nur Erfolg haben, wenn die Diplomaten mit einer Drohkulisse im Rücken an den Verhandlungstisch träten.

Auch hierin ist der Präsident von Ricœur beeinflusst. Als junger Sozialist unterstützte der Philosoph in den 1930er Jahren die Appeasement-Politik Großbritanniens und Frankreichs gegenüber Nazi-Deutschland. Er befürwortete die pazifistische Abrüstungspolitik der «Volksfrontregierung» (*Front populaire*), die von 1936 an alle linken Parteien umfasste. Nach dem Zweiten Weltkrieg sah Ricœur, der fünf Jahre in deutscher Kriegsgefangenschaft in Pommern verbrachte, seine friedensbewegte Haltung als großen Fehler.

Ricœurs Gesinnungswandel steht für sein ganzes Heimatland, Frankreich kennt heute keine Pazifisten. Dreimal hintereinander — 1870, 1914 und 1940 — wurde es von Deutschland angegriffen. Beim letzten Mal führte der Überfall zum zeitweiligen Ende der liberalen Demokratie und zum Vichy-Regime. Dies erklärt, warum Macron in seiner Rede zur Verteidigungspolitik an der Offiziersschule, die noch immer unumwunden *École de Guerre* («Kriegsschule») heißt, Martialisches von sich gibt wie: «Ohne Stärke überleben Demokratie und Rechtsstaat nicht lang.»[155]

Konsequenterweise rüstet Macron auf. Zwischen 2017 und 2020 stiegen die Militärausgaben um sage und schreibe 22 Prozent. Der erste französische Präsident, der bei Erreichen der Volljährigkeit nicht mehr zum Militärdienst eingezogen wurde, interessiert sich nicht sonderlich für beschaffungstechnische Fragen. Die Militärführung kann über die Mittel frei verfügen, und so erhält sie Helikopter, den deutsch-französischen Kampfjet, eine zweite Fregatte und sogar einen neuen Flugzeugträger — die Armee, die Luftwaffe und die Marine, alle sind zufrieden.

Es gäbe also durchaus Anknüpfungspunkte an die mitteleuropäischen Staaten, die ebenfalls auf Abschreckung und eine Politik der Stärke setzen. Teilweise kommt es denn auch zur Zusammenarbeit. Estland schickt zur Unterstützung Frankreichs Soldaten nach Mali. Regelmäßig besucht Macron französische Truppen in den baltischen Staaten, die im Rahmen von NATO-Missionen dorthin entsandt worden sind. Paris schickt seine Marine vor die Küste Griechenlands und Zyperns, um im Streit mit der Türkei über die Aufteilung der Seegebiete und die Erdgasvorkommen Präsident Recep Tayyip Erdoğan an den Verhandlungstisch zu zwingen. Ankara stellt die territoriale Souveränität zweier EU-Mitgliedsländer und NATO-Partnerländer infrage, weigert sich aber, den Fall vom Internationalen Gerichtshof in Den Haag beurteilen zu lassen.

Und auch zwischen Paris und Berlin gibt es an sich viel Verbindendes. Macron ist kein Anhänger französischer «*néo-grandeur*». «Mit mir wird der Neokonservatismus, den wir vor zehn Jahren aus den Vereinigten Staaten importiert haben, ein Ende nehmen», kündigt der Präsident nach seinem Wahlsieg an.[156] Den von US-Präsident George W. Bush angezettelten Irak-Krieg und Sarkozys Libyen-Feldzug — aus denen sich Deutschland bewusst heraushielt — hält er für Fehler. Und Menschenrechtsfragen sind für den Präsidenten wie für die Kanzlerin nachrangig, zumal in den Beziehungen zu China und Russland. Macron hat sich an die Berliner Realpolitik angenähert: Den Dalai Lama traf er als Kandidat, aber nicht mehr als Staatspräsident.

Macron hätte durchaus die Chance, Frankreich zu Europas geopolitischer Führungsmacht zu machen; diese Rolle ließe sich dann zum Nutzen der eigenen EU-Agenda in der Wirtschaftspolitik ausspielen. Doch durch seine gaullistischen Anwandlungen in der großen weiten Geopolitik, die ihm kaum was einbringen, und seine Lust an der Impertinenz, steht er sich zumindest kurzfristig selbst im Weg. Ob Macrons «Hirntod»-Weckruf eines Tages als Startpunkt einer epochemachenden Debatte zur Stärkung der europäischen Verteidigungsfähigkeit gelesen wird, ist noch nicht ausgemacht.

DER EUROPÄISCHE IDENTITÄTSPOLITIKER

Wenn Macron auf die Befindlichkeiten anderer EU-Mitgliedsstaaten in der Außenpolitik nur beschränkt Rücksicht nimmt, dann auch, weil Frankreichs Präsident überzeugt ist, dass man Europa nicht voranbringen könne, wenn man versuche, immer alle an Bord zu halten.

Gern zitiert Macron das wegweisende «Schäuble-Lamers-Papier» von 1994, das erstmals die Idee eines «Kerneuropas» skizzierte. Wolfgang Schäuble, damals Fraktionsvorsitzender der CDU/CSU im Bundestag, und der CDU-Europapolitiker Karl Lamers kamen zu dem Schluss, dass nationale Souveränität zur «leeren Hülse» verkommen sei. Mit der Aufnahme neuer Mitgliedsländer im Norden und Osten des Kontinents werde die EU heterogener und weniger handlungsfähig. Doch die neue Welt mache eine gemeinsame Sozial- und Migrationspolitik, eine unter den Ländern gut abgestimmte Haushaltspolitik und vor allem eine gemeinsame Außen- und Sicherheitspolitik unabdingbar. Sonst werde sich die EU «unaufhaltsam zu einer lockeren, im Wesentlichen auf einige wirtschaftliche Aspekte beschränkten Formation ... entwickeln. Mit einer solchen ‹gehobenen› Freihandelszone wären die existentiellen Probleme der europäischen Gesellschaften und ihre äußeren Herausforderungen nicht zu bewältigen.»[157]

Eine Kerngruppe fortschrittswilliger Staaten um Deutschland und Frankreich müsse deshalb auf dem Weg zur Vertiefung der EU voranschreiten, erklärten die beiden Christdemokraten aus Baden-Württemberg. Dies auch, weil Frankreich fürchte, Deutschland werde in einer größeren, loseren EU noch mächtiger. Doch die von Schäuble und Lamers angestrebte «politische Union» ist Stückwerk geblieben, vor allem deshalb, weil sich Paris lang ambivalent verhielt: Rhetorisch forderten alle französischen Präsidenten seit Mitterrand «mehr Europa», faktisch bremsten sie. Heute steht Berlin auf der Bremse.

Bundeskanzlerin Angela Merkel lehnt die Kerneuropa-Idee ab: Die neuen EU-Mitgliedsländer sollen nicht wieder an die Peripherie gedrängt werden.[158] In der Eurokrise setzte sich Merkel knallhart für die deutschen nationalen Interessen ein, mit einigem Erfolg, und nahm dafür die offene Nord-Süd-Spaltung der EU in Kauf. Nach Fukushima stieß sie den französischen Partner mit ihrer plötzlichen Kehrtwende in der Atompolitik vor den Kopf: Die Zusammenarbeit beim Bau von Atomkraftwerken war einst 1957 — als die Römischen Verträge über die Europäische Wirtschaftsgemeinschaft geschlossen und zum Vorteil der exportorientierten Bundesrepublik die Handelszölle abgeschafft wurden — das Gegengeschäft zugunsten der Franzosen, festgehalten im gleichzeitig besiegelten Euratom-Vertrag. Auch sonst denkt Merkel national: Sie missachtet die Sicherheitsbedenken mitteleuropäischer Partner in Sachen Ostsee-Gaspipeline Nord Stream 2. In der Flüchtlingskrise 2015 handelte die Kanzlerin zu Hause mutig, aber eigenmächtig und ohne Absprache mit den Partnern und vertieft damit die Ost-West-Spannungen in der EU.

Doch auch Merkel erfasst nach dem Brexit-Schock Europas fragilen Zustand. Vor den Präsidentschaftswahlen 2017 in Frankreich fürchtet Deutschland einen Sieg Le Pens. Mit wachsender Sorge blickt Berlin über den Rhein und wünscht sich, dass der französische Nachbar seine Mitte im befriedeten Europa finde. Dem Le-Pen-Bezwinger Macron will man ein kleines Stück entgegenkommen. Im Sommer 2018 einigen sich Merkel und Macron auf Schloss Meseberg in Brandenburg auf eine EU-Reformagenda. Aber das Ergebnis enttäuscht Paris. Merkel stimmt zwar dem Prinzip eines Eurozonen-Budgets zu, doch will sie sich auf keine zweckdienliche Größenordnung festlegen.

Und die Dauerkanzlerin hat nicht einmal mehr den Rückhalt, diesen bescheidenen Kompromiss durchzusetzen. Merkels humanitäre Politik in der Flüchtlingskrise 2015 hat sie viel Kapital in der eigenen Partei und in Europa gekostet. Zum Ende ihrer Amtszeit entgleitet Merkel immer öfter die Kontrolle über das Geschehen in Berlin. So kann sie auch den nordeuropäischen Ländern keine Zugeständnisse bei einer stärkeren Lastenteilung in der Eurozone aufdrängen. Denn diese wissen genau: Berlin will dies im Grunde auch nicht.

Nachdem Macron als Heilsbringer Europas gefeiert worden ist, gilt er bereits im Mai 2017 als «Der teure Freund», wie ihn der SPIEGEL auf einer Titelseite beschreibt. Der Franzose wolle, dass Deutschland die Rechnung für die Rettung Europas begleiche. Dabei wird ausgeblendet, dass Frankreich und (bis jüngst) Italien ebenfalls Nettobeitragszahler an den EU-Haushalt sind. Merkel antwortet nie richtig auf Macrons Sorbonne-Rede, in der er die deutsche Politik einlud, ihrerseits Vorschläge für eine Vertiefung der EU vorzulegen.

Stattdessen greift anderthalb Jahre später die damalige CDU-Vorsitzende Annegret Kramp-Karrenbauer zur Feder und schreibt einen Meinungsbeitrag unter der lehrmeisterlichen Überschrift «Europa richtig machen» (*Faisons l'Europe comme il faut*). AKK betont, an dem Prinzip der nationalen Eigenverantwortung in der Eurozone werde nicht gerüttelt. Trotzdem solle Frankreich solidarisch seinen Sitz im Sicherheitsrat der Vereinten Nationen an die EU abtreten und der dauernden Verlegung des Europaparlaments von Straßburg nach Brüssel zustimmen.[159] Das ist so feinfühlig, wie wenn Macron eine Debatte zu Europa mit dem Vorschlag eröffnet hätte, alle Schulden zu vergemeinschaften und die Europäische Zentralbank von Frankfurt nach Brüssel zu verlegen. Entweder offenbarte die Saarländerin Kramp-Karrenbauer mit ihrem Beitrag, dass es ihr an europäischem Takt- und Sprachgefühl mangelt, oder sie wollte die Europa-Diskussion abwürgen, die Macron lanciert hatte.

Paris denkt nach vorn, es will die Welt gestalten. Berlin denkt im Jetzt und handelt erst, wenn es sich dazu gezwungen sieht. Wenig scheint sich geändert zu haben, seit Heinrich Heine 1841 schrieb: «Die Franzosen gehen jeder Frage direkt auf den Leib und zerren daran so lange herum, bis sie entweder gelöst oder als unauflösbar beseitigt wird. Das ist der Charakter der Franzosen. ... Der Deutsche, aus Scheu vor aller Neuerung, deren Folgen nicht klar zu ermitteln sind, geht jeder bedeutenden politischen Frage so lange wie möglich aus dem Wege oder sucht ihr durch Umwege eine notdürftige Vermittlung abzugewinnen, und die Fragen häufen und verwickeln sich unterdessen.»[160]

180 Jahre später hat das Folgen: Statt auf Merkel setzt Macron nun stärker auf Radau und fällt zurück auf die klassische französische Strategie, sich gegenüber Berlin querzulegen, um etwas zu erreichen. Der selbstbewusste Franzose geht Merkel gekonnt auf die Nerven. So prangert der Präsident bei der Verleihung des Karlspreises in Aachen, in Anwesenheit der Kanzlerin, den deutschen Sparfetischismus an. Dann droht Paris, die Unterstützung für Nord Stream 2 zurückzuziehen. Macron blockiert den Start der Verhandlungen über den EU-Beitritt Albaniens und Nord-Mazedoniens. So erinnert Paris die Europäer und vor allem die Deutschen daran, dass sie auf Frankreich angewiesen sind. Es darf sehr wohl öffentlich werden, dass der Haussegen schief hängt. Macron liegt es nicht, Meinungsverschiedenheiten unter den Teppich zu kehren.

Die Strategie funktioniert — teilweise. Macrons Interventionen empören, aber sie stacheln die EU an, eine Reform des Beitrittsprozesses einzuleiten. Die NATO setzt nach dem «Hirntot»-Interview eine Expertengruppe ein, die Sinn und Zweck des Verteidigungsbündnisses neu umschreiben soll. Auch dank der Schützenhilfe Trumps, der Europa mit Handelszöllen unter Druck setzt, und des immer aggressiver werdenden Auftretens Chinas nimmt die Debatte über Macrons Konzept der «strategischen Souveränität» Europas 2019 allmählich Fahrt auf.

Ob die «Nervensäge-Strategie» gut ist für Europa? Macron setzt darauf, dass die ihnen aufgezwungene Debatte die Europäer unter dem Strich enger zusammenführt. Disruption ist nötig, wenn sich Europapolitik vom Brüsseler Ausbalancieren nationaler Interessen zu einer Auseinandersetzung über Werte und Politikkonzepte wandeln soll. Für die Funktionsfähigkeit der «Kompromissmaschine EU» ist Macrons Strategie jedoch ein Stresstest.

Auf noch gefährlicherem Boden bewegt sich Frankreichs Präsident, wenn er meint, den Kontinent der Vielfalt mit europäischer

Identitätspolitik zusammenschweißen zu müssen. Die Diskussion darüber, was man gemeinsam will, ist gewiss notwendig und überfällig. Der Versuch zu umreißen, wer man ist, bleibt aber heikel. Macron ist überzeugt, dass Europas Nationen nicht bloß aufgrund der Geographie zusammengehören, sondern auch, weil sie eine einzigartige Wertegemeinschaft bildeten: Demokratie plus Marktwirtschaft, individuelle Freiheiten plus soziale Gerechtigkeit: «Etwas eint uns. Wir wissen, dass wir Europäer sind, wenn wir außerhalb Europas sind. Wir nehmen unsere Unterschiede wahr, wenn wir unter Europäern sind, aber uns beschleicht eine Form der Nostalgie, wenn wir Europa verlassen.»[161]

Im Unterschied zu den Amerikanern sei den Europäern der Wert der sozialen Gleichheit wichtig, auch Kultur habe einen höheren Stellenwert: Beides sei Europas Kitt. In seiner Sorbonne-Rede sagt Macron: «Dieses Europa, in dem jeder Europäer sein Schicksal im Profil eines griechischen Tempels oder im Lächeln der Mona Lisa erkennt, der durch die Werke von [Robert] Musil und [Marcel] Proust in die Empfindungen ganz Europas hineinspüren konnte, dieses Europa der Cafés, von dem [George] Steiner sprach, dieses Europa, von dem André Suarès sagte, es sei ‹ein Gesetz, eine Geisteshaltung, eine Gewohnheit›, dieses Europa der Landschaften und Folklore, von dem Erasmus, den man als seinen Lehrmeister bezeichnete, sagte, dass man jeden jungen Menschen dazu auffordern müsse, ‹den Kontinent zu durchstreifen, um andere Sprachen zu lernen› und ‹sein wildes Naturell abzulegen›, dieses Europa, das so viele Kriege und Konflikte heimgesucht haben — was dieses Europa zusammenhält, ist seine Kultur.»

Das klingt abstrakt, intellektuell und typisch französisch. Es beginnt damit, dass die Franzosen im Gegensatz zu den Deutschen keine Angst haben, von Identität zu sprechen. Was die viel besagten «republikanischen Werte» sind — eine Mischung aus Säkularismus,

Nicht-Diskriminierung, Menschenrechten und Sozialstaat —, ist Gegenstand dauernder Debatten. Wenn Politiker und Intellektuelle zu ermitteln versuchen, was Frankreichs Identität sei, folgen in der Regel ein Crescendo von Künstlerzitaten, eine Liebeserklärung an die französische Sprache sowie Verweise auf die Geschichte, und auf jeden Fall Landschaftsbeschreibungen. Einer der größten Hits Jean Ferrats, des Chansonniers der Kommunistischen Partei und Idols von Linken wie von Konservativen, ist *Ma France (Mein Frankreich)*. Ferrat erklärt seine Liebe zu dem «schönen und rebellischen» Land («*belle, rebelle*») mit seinen Hügeln und Gipfeln, dessen Freiheitsdrang Schwindel errege und das Picasso eine Heimat geworden sei, aber auch auf den Namen «Robespierre» stolz sei.

Das mag alles schön und gut sein. Aber wenn Macron die Konturen einer europäischen Identität abzustecken versucht, schreckt er nicht vor Belehrungen zurück, wer oder was nicht europäisch sei und wen die Europäer bekämpfen sollten. «Das europäische Projekt ist für mich das eines solidarischen Machtgebildes, und es braucht Grenzen», sagt Macron der FAZ-Korrespondentin Michaela Wiegel.[162] Für ihn ist die Türkei keinesfalls Teil Europas, Russland möglicherweise schon. Es gibt keinen «Kampf der Kulturen», aber Europa habe jüdisch-christliche Wurzeln und müsse die Aufklärung gegen islamistische Fundamentalisten, gegen europäische Nationalisten, gegen Reaktionäre, die das Erbe von 1968 zurückwiesen, gegen Relativisten und gegen den entgrenzten Kapitalismus verteidigen.

Frankreich fühlt sich wohl in der unscharfen Erzählung, Europa führe den zivilisatorischen Kampf um die Aufklärung, denn das ist das Narrativ der Republik. Aber der Versuch, die europäische Einigung in Abgrenzung zu Ländern am Rande des Kontinents zu forcieren, findet kein gutes Echo. Welches Problem soll denn diese Debatte lösen? Läuft Macron nicht Gefahr, dem türkischen Autokraten Recep Tayyip Erdoğan in die Hände zu spielen, wenn die EU der Türkei darlegt, sie gehöre nie und nimmer dazu? Führt Identitätspolitik, auch eine europäische, nicht zu ständiger Zwietracht? Und wäre der Leitgedanke der EU nicht ein kosmopolitischer Universalismus, der Menschen dazu anhält, Gemeinsamkeiten zu betonen, statt Unterschiede herauszustreichen?

Ja und nein. Denn die Geschichte gibt Macron recht. Kollektive Identitäten, wie auch immer definiert, mehren den Zusammenhalt von Solidargemeinschaften. Dazu gehören Grenzziehungen im geographischen, aber auch ideellen Sinn zwischen «wir» und «den anderen». Die Freund-Feind-Unterscheidung ist nicht, wie der Staatsrechtler und Nazi-Apologet Carl Schmitt glaubte, der Kern des Politischen. Aber Politik lebt durchaus von Antagonismen; sie ist nicht bloß das Aushandeln eines rationalen Konsenses, wie das liberale Staatsphilosophen gern behaupten. Kein Zufall, dass praktisch jede Nation den Kampf gegen irgendeinen gemeinsamen Feind zum Ausgangspunkt ihrer kollektiven Erzählung nimmt. Für die Franzosen ist es die Niederschlagung der Feudalgesellschaft, für die Amerikaner der Unabhängigkeitskrieg gegen Großbritannien. Europa jedoch ist ein Projekt, das sich zum Ziel setzt, im Inneren genau dieses Schmitt'sche Freund-Feind-Denken zu überwinden.

Schaffen es die Europäer, mit derartigen Widersprüchen zu leben und Politik zu machen? Frankreich selbst lebt ganz gut inmitten seiner Ungereimtheiten. Immerhin ist es das Land, das zu Hause Identitätspolitik von Mehrheiten oder von Minderheiten mit dem Argument eines universalistischen Menschenbilds verurteilt, aber gleichzeitig dank einer europäischen Identitätspolitik den Staatenbund voranbringen will. Gefragt, was er während seiner Präsidentschaft über die Franzosen gelernt habe, antwortet Macron: «Diese drei Jahre haben meine Überzeugung bestätigt: Wir sind ein Volk der Widersprüche.»[163]

JE DISKRETER, DESTO ERFOLGREICHER

Während Macron in der ersten Hälfte seiner Amtszeit bei der Umsetzung seiner Reformagenda daheim erfolgreich ist, kann er sich auf der europäischen Bühne kaum durchsetzen. Dann wendet sich das Blatt: Wegen der Pandemie muss der Präsident in der zweiten Hälfte mit seinen Reformen pausieren, doch die Krise bietet ihm die Chance, seine europäischen Pläne voranzutreiben.

Dabei droht ein französisch-deutscher Doppelschlag zu Beginn der Pandemie die EU fast auszuknocken. Anfang März 2020 bittet Italien, zu diesem Zeitpunkt ein Epizentrum der Coronavirus-Krise, die EU-Partner um dringende Hilfe. Rom braucht händeringend medizinische Schutzkleidung und Masken, um wenigstens das Krankenhauspersonal zu versorgen. Doch am 3. März 2020 lässt Paris alle Schutzmasken im Land beschlagnahmen, auf dass sie im Land verbleiben. Berlin verfügt daraufhin ein Exportverbot für medizinische Schutzkleidung. Die Pariser und Berliner Reflexhandlungen verraten, welches Prinzip in der EU gilt, sobald es hart auf hart kommt: Keiner für alle, alle für sich. In Italien sehen sich die EU-Kritiker bestätigt: Nicht nur in der Migrationsfrage werde das Land allein gelassen. Dann schließt Deutschland zu allem Überfluss die Grenzen zu seinen neun Nachbarstaaten — die zu Frankreich inklusive, obwohl Paris längst eine rigorose Ausgangssperre beschlossen hat und die Grenzsperre schon deshalb unnötig ist. An den Übergängen bilden sich kilometerlange Staus, der Nachschub mit Waren stockt. Deutsche Supermärkte fürchten leere Regale.

Wieder einmal verliert die EU in einer Krise an Ansehen. Doch dieses Mal geht es ans Eingemachte: Wenn sich der Kern des EU-Projektes, der den gemeinsamen Binnenmarkt und die Freizügigkeit von Waren und Personen umfasst, als Schönwetterinstitution entpuppt, zehrt es an der Legitimation des Staatenverbunds überhaupt. Wenig später heben Paris und Berlin ihre Exportverbote auf, auch weil Kommissionspräsidentin von der Leyen droht, gegen die beiden Länder vor den Europäischen Gerichtshof zu ziehen. Während andere um Schadensbegrenzung bemüht sind, begreift Macron, dass die Pandemie eine Gelegenheit bietet, seinen EU-Plänen und vor allem einer fiskalischen Integration der Eurozone zum Durchbruch zu verhelfen. «Europa wird in Krisen errichtet und wird die Summe der Lösungen dieser Krisen sein», schrieb Jean Monnet, der Weinbrandhändler aus der Stadt Cognac und maßgebliche Wegbereiter des europäischen Vorhabens, in seinen Memoiren.[164]

In seiner ersten Rede zur Nation nach Beginn der Pandemie am 12. März 2020 nimmt Frankreichs Präsident das Wort «Europa» nicht weniger als 18 Mal in den Mund, preist die europäische Kooperation und sagt: «Ich weiß nicht, was die Finanzmärkte in den nächsten Tagen machen werden. Aber lassen Sie mich jetzt schon klarstellen: Europa wird organisiert und massiv reagieren, um die Wirtschaft zu schützen.»[165]

Als norditalienische Zeitungen täglich seitenweise Todesanzeigen drucken, legt Rom die ganze Wirtschaft und das öffentliche Leben lahm. Doch alleine kann Italien die Folgen nicht stemmen. Die Zinsen auf italienische Schuldtitel steigen rapide. Die Stunde der Wahrheit naht. Einen Staatsbankrott Griechenlands hätte die Eurozone womöglich verkraftet, nicht aber den Konkurs der drittgrößten Volkswirtschaft der EU. Italien unter die Arme greifen oder die Eurozone untergehen lassen — so einfach und brutal lautet die Frage, die sich im späten Frühjahr 2020 in den Hauptstädten der Teilnehmer an der Währungsunion stellt.

Berlin steht mit dem Rücken zur Wand, will von alledem aber zunächst nichts wissen. In ihrer ersten Fernsehansprache zur Corona-Pandemie am 18. März 2020 spricht Merkel von der größten Herausforderung für das Land «seit dem Zweiten Weltkrieg», erwähnt jedoch die europäische Dimension der Krise kein einziges

Mal. In der ersten Pressekonferenz im März antwortet Angela Merkel auf eine Frage zur finanziellen Solidarität in Europa: «Wir müssen jetzt gucken, dass in einer Notsituation Dinge, die schon immer gewünscht wurden, weil man sie gerne hätte, zum Beispiel seitens des Europäisches Parlaments, nicht zur Gewohnheit werden.»[166]

Paris lässt nicht locker. Macron schmiedet eine Allianz von neun EU-Ländern, die teilweise die finanziellen Kosten der Krise auf die EU-Ebene verlagern und vergemeinschaften wollen. Neben den üblichen Verdächtigen — den ärmeren und krisengeschüttelten Südländern wie Portugal oder Spanien — sind dieses Mal EU-Mitglieder mit geringem Schuldenstand wie Luxemburg (21 Prozent des BIP), Irland (64 Prozent) und Slowenien (70 Prozent) dabei. In Deutschland kippt langsam die Stimmung. Das Institut der Deutschen Wirtschaft, der *think tank* des mächtigen Bunds der Deutschen Industrie, erkennt, dass es ohne gemeinsame Verschuldung und Fiskaltransfers nicht gehen wird. Italiens Premierminister Giuseppe Conte gibt dem Fernsehkanal der *Bild*-Zeitung Live-Interviews und bedrängt Berlin.

Nicht nur wegen der dramatischen Bilder aus Norditalien ist es schwierig, die Forderungen aus Rom abzulehnen. Italien ist zwar hoch verschuldet, aber ein fiskalpolitischer Vorzeigeschüler. Seit 2011 erwirtschaftet die italienische Regierung Jahr für Jahr einen Überschuss beim sogenannten Primärsaldo: Die Staatseinnahmen (ohne Kreditaufnahme) übersteigen die Staatsausgaben (ohne Zinszahlungen).

Macron drängt auf eine Lösung, doch prescht er dieses Mal nicht mit einem fertigen Patentrezept vor und verzichtet auf Reizwörter wie «Eurobonds». Er agiert im Hintergrund, lässt Rom und Madrid Vorschläge unterbreiten und lädt Berlin ein, eigene Ideen einzubringen. Nachdem sich innerhalb der Bundesregierung der Wind gedreht hat, ergreift Merkel Macrons offene Hand: Beide unterbreiten den deutsch-französischen Vorschlag eines schuldenfinanzierten Europäischen Wiederaufbaufonds. Allerdings melden die Niederlande noch Opposition an. Macron fliegt daraufhin nach Den Haag, um vor dem entscheidenden EU-Gipfel einen Kompromiss in die Wege zu leiten. Nun zahlt sich aus, dass Macron von Beginn seiner Amtszeit an Mark Rutte hofiert hat, etwa indem er den niederländischen Ministerpräsidenten in sein Pariser Lieblingsrestaurant zum *tête-à-tête* einlud.

Der 750 Milliarden Euro schwere Europäische Wiederaufbaufonds ist von historischer Tragweite — nicht so sehr wegen der Summe, sondern weil damit ein bis vor kurzem noch undenkbarer Präzedenzfall geschaffen ist. Die EU-Länder nehmen gemeinsam Schulden auf, um Mitgliedern in Not und in finanzieller Schieflage unter die Arme zu greifen. Das deutsche Tabu einer «Schuldenunion» ist gebrochen. Zwar ist der Fonds ein vorübergehendes Instrument, und die Schulden sollen ab 2028 zurückgezahlt werden. Doch ob das wirklich geschehen wird, steht auf einem anderen Blatt. Vor allem: Die Übereinkunft stabilisiert die Währungsunion weit über die Coronavirus-Zeit hinaus. Wie verhält sich Deutschland, wenn Italien in Schwierigkeiten gerät? Das war die Gretchenfrage für die Zukunft des Euros. Jetzt wissen die Finanzmärkte: Steht Italien am Abgrund, kann es auf die anderen EU-Länder zählen. Erstmals seit 2009 wettet niemand mehr auf den Kollaps der Einheitswährung. Der Euro setzt zum Höhenflug an.

Weit über die Währungsunion hinaus führt die Pandemie vor Augen, warum die Schaffung dieses «souveränen Europas», von dem Macron spricht, wichtig und dringend ist. In den ersten Monaten schwindet das Vertrauen in die Vereinigten Staaten und China, die beiden wichtigsten Exportmärkte der EU. Lieferketten für unerlässliche Waren brechen zusammen. Peking macht Maskenlieferungen von politischen Zugeständnissen abhängig, völlig überzogen schlachtet es seine «Hilfe an Europa» medial aus. Chinas Diplomaten betreiben aggressive Öffentlichkeitskampagnen, um jegliche Mitverantwortung Pekings für die Pandemie zu leugnen. Dazu gehört die Verbreitung von *fake news*, etwa wenn Chinas Botschaft in Paris behauptet, in Frankreich würden Covid-19-Patienten verhungern, weil Pflegekräfte massenhaft den Dienst quittierten.

Und nach dem Machtwechsel im Weißen Haus zeigt sich, dass sich die Vereinigten Staaten auch unter Präsident Joe Biden selbst am nächsten sind. Die amerikanischen Impfstoff-Fabriken produzieren per Regierungsbeschluss ausschließlich für den heimischen Markt. Europas Hersteller exportieren dagegen in die ganze Welt und vor allem in das soeben aus dem Binnenmarkt ausgetretene Großbritannien, selbst wenn zu Hause Impfstoffknappheit herrscht. Alles andere wäre ja «Impfnationalismus». Durch das anfängliche Impfdebakel erfährt die EU wieder einmal auf die harte Tour, dass sie lernen muss, sich und die eigenen Interessen zu behaupten, selbst wenn das im Krisenfall auf Kosten anderer geht.

Die geopolitische Lage hat sich nachhaltig geändert. Nicht nur Trump, auch Biden hat in Bezug auf Protektionismus wenig Berührungsängste. So sollen die öffentlichen Beschaffungsmärkte den US-Unternehmen vorbehalten bleiben. Die unter seinem Vorgänger wegen der Ostsee-Pipeline verhängten Sanktionen lässt er intakt und droht, sie zu verschärfen, auch weil ihm der Kongress im Nacken sitzt. Die Auseinandersetzung mit China gilt ihm als die große geopolitische Herausforderung, deshalb will Biden die Europäer auf seine Seite ziehen.

In Europa trübt sich ebenfalls das Bild Chinas. Der Aufbau von Wirtschafts- und Vertrauensbeziehungen zu Peking hat die Volksrepublik nicht näher an Marktwirtschaft und Rechtsstaatlichkeit herangeführt. 2019 beschreibt der Bundesverband der Deutschen Industrie China als «Partner und systemischen Wettbewerber»; die Volksrepublik bleibe autoritär und halte an ihrem Staatskapitalismus fest.

Deutsche Firmen kämpften auf dem chinesischen Markt mit mehr statt weniger Diskriminierungen; derweil drängten Chinas staatssubventionierte Unternehmen auf den europäischen Markt.

Der billige Reim «Wandel durch Handel», an den selbst in der Bundesregierung noch manche glauben wollten, erweist sich als illusorisch. Und ein immer selbstbewussteres Peking, das sich zuvor als «friedlicher Riese» gegeben hatte, lässt die Maske fallen. So warnt Pekings Botschafter deutsche Autobauer vor «Konsequenzen», sollte Berlin Huawei beim 5G-Ausbau nicht berücksichtigen. Offene Drohungen im Stile Trumps und Desinformationskampagnen im Stile Putins: Auch China betreibt Machtpolitik, um seine Vorstellungen in Europa durchzusetzen.

«Naiv»: Das ist das Wort, mit dem Frankreichs Politiker seit je über die EU schimpfen. Ob bei der Impf-, Handels- oder Klimapolitik — Brüssel gehe oft mit gutem Beispiel voran, um prompt übervorteilt zu werden. Dass die EU den Sommer und Herbst 2020 an einer globalen Impfallianz werkelte, um Entwicklungsländern Zugang zum Impfstoff zu verschaffen, ist gut gemeint. Wenn Macron aber ein «Europa, das schützt», fordert, denkt er an eine *Europe-first*-Politik. Europa muss zwar offen sein und auf Multilateralismus setzen. Aber spielen die anderen nicht mit, muss es knallhart die eigenen Interessen vertreten. Das erwarten die Europäerinnen und Europäer von der EU, wie alle Bürgerinnen und Bürger es von ihren Staaten erwarten. Schließlich ist man deshalb in der EU, um gemeinsam stärker zu sein, erst recht in Zeiten der Not. Allmählich setzt sich diese französische Sichtweise in Europa durch.

So nähert sich die EU immer mehr den drei klassischen französischen Positionen in der Wirtschafts- und Außenhandelspolitik an: Erstens müsse die EU Verhandlungsmasse aufbauen, um Partner wie China zu Zugeständnissen zu zwingen. Zweitens sollten Europas Unternehmen besser vor der Konkurrenz staatsnaher Nebenbuhler aus Drittstaaten geschützt werden. Und drittens: Wenn der Staat in Chinas Wirtschaft der bestimmende Faktor bleibt, muss umgekehrt die EU-Wirtschaftspolitik stets souveränitätspolitische Aspekte mitbedenken.

Die lang gescholtene Industriepolitik erlebt ein Revival. Berlin und Paris drängen darauf, die EU-Wettbewerbspolitik zu lockern, um Zusammenschlüsse europäischer Unternehmen zu ermöglichen, auf dass sie mit Chinas Staatsfirmen und Amerikas Quasi-Monopolisten der Technologiebranche mithalten können. Berlin und Brüssel sind sich immer öfter mit Paris einig, dass eine EU-Investitionsoffensive nötig ist, damit die Europäer in Zukunftsindustrien wieder Anschluss finden.

Der Paradigmenwechsel in Deutschland zeigt sich am deutlichsten in der Zusammensetzung des Corona-Konjunkturpakets. Allein sieben Milliarden Euro sind dafür vorgesehen, dass die Bundesrepublik bei 5G Versäumnisse nachholt und bei 6G selbst Forschung betreibt. Neun Milliarden sollen in den Aufbau einer Wasserstoffindustrie fließen und je zwei Milliarden in Quanten-Computing und Künstliche Intelligenz. Deutschland und Frankreich stecken weitere Milliarden in eine europäische Batterieindustrie und lancieren das europäische Cloudprojekt Gaia-X.

Auch die Klimakrise bewirkt, dass Europa französischer denkt und von der marktorientierten zu einer stärker staatsorientierten Integrationsstrategie schwenkt. Die Bewältigung der Klimakrise erfordert ein Wirtschaftsmodell, das dem Staat als Regulator, Investor und Organisator einer sozialverträglichen ökologischen Transformation wieder einen höheren Stellenwert zuschreibt. Der Lauf der Geschichte beflügelt die französische Vorstellung von einer EU als voluntaristischer Kraft, die den Kapitalismus bändigt und die Weltpolitik bewusst mitgestaltet. Die EU wird protektionistischer und zielstrebiger in der Industriepolitik, und sie fasst auch mehr Mut zum

Regulieren. Von der Datenwirtschaft bis zu den Umweltstandards —
der Zugang zum europäischen Markt wird immer stärker von einer
guten regulatorischen Zusammenarbeit abhängig gemacht. Die Pläne
der Brüsseler Kommission, um soziale Medien und Online-Verkaufs-
plattformen zu regulieren, entsprechen französischen Vorstellungen.
Und dann wird Macron abermals das Glück des Tüchtigen zuteil.
Die neue US-Regierung braucht Steuereinahmen, um ihr Coronavi-
rus-Konjunkturpaket und die Klimawende zu finanzieren. Mit Biden
vollzieht Washington eine Kehrtwende in der globalen Steuerpolitik
und unterstützt nun Paris in seinen Bemühungen, eine globale Min-
deststeuer für Unternehmen einzuführen und Gewinne nicht nur in
dem Land des Firmensitzes zu besteuern, sondern auch dort, wo der
Umsatz erzielt wird. Dies setzt dem Steuerwettbewerb Schranken.
Die sich im Rahmen der OECD abzeichnende Einigung bringt eine
tiefgreifende Trendwende: Die politische Globalisierung zieht mit der
wirtschaftlichen gleich, wiewohl mit großem Rückstand. Es entsteht
eine Welt, in der sich Frankreich wieder wohlfühlen kann.

Macron hat die globalen Trends nicht geschaffen, die mit dazu
führen, dass die EU nach vier Jahrzehnten ihrer marktliberalen
Phase zusehends entwächst. Doch Frankreichs Präsident hat die Entwicklung erkannt und dazu beigetragen, dass die EU bereit ist, den
Spielball aufzunehmen. Mit seinem Wahlsieg 2017 hat er die *idée fixe*
Lügen gestraft, eine Vertiefung der Union sei unmöglich, da unpopulär. Das Thema Europa kann durchaus auch Wahlsiege bescheren:
Diese Erkenntnis befreit die EU von der mentalen Schockstarre, die
nach den fehlgeschlagenen Verfassungsreferenden 2005 eingesetzt
hatte. Und Macrons gelungenes Wagnis hat all die europäischen Regierungschefs unter Zugzwang gesetzt, die vorher ihre Untätigkeit
damit rechtfertigten, dass die anderen ja auch nichts täten. Macron
hat zudem in Deutschland Vertrauen zurückgewonnen und Frankreich wieder als ernstzunehmende Macht in Europa positioniert. In

Paris regiert endlich jemand, der Entscheidungen trifft und diese durchsetzen kann.

Wichtiger noch: Der französische Präsident hat ein neues Narrativ für Europa geschaffen. Als Macron 2017 in seiner ersten Europa-Rede die «europäische Souveränität» als übergeordnetes Ziel aller künftigen EU-Politik einforderte, klang das für viele wie das Hirngespinst eines Europa-Fantasten. Doch 2020 erklärt Kanzlerin Merkel: «Um den wirtschaftlichen Erfolg Europas und damit seine Handlungsfähigkeit auch zukünftig zu sichern, muss Europa sowohl technologisch als auch digital souverän werden.»[167] Premierminister Rutte legt im März 2021 zusammen mit dem spanischen Regierungschef Pedro Sánchez eine EU-*Roadmap* zur Erlangung der «strategischen Autonomie» vor, damit die EU «ungewünschte Abhängigkeiten von Drittländern in Technologie, Wissen und Software reduziert». Der vormals marktliberale und eher integrationsskeptische Niederländer Rutte will eine CO_2-Grenzsteuer, «sichere 5G-Netze», eine Industriepolitik, aber auch den Übergang zu Mehrheitsentscheiden in der EU-Außenpolitik prüfen.

Das Narrativ der «strategischen Autonomie» und der «europäischen Souveränität» ist binnen kurzer Zeit Mainstream geworden. Das neue Ziel eröffnet Verhandlungsspielraum und erlaubt es der EU, ihre internen Verteilungskämpfe zu überwinden, die während des vergangenen Jahrzehnts den Staatenbund blockiert hatten. Auch «sparsame» EU-Mitglieder wie Schweden sehen ein, dass es ein Fehler war, in der Eurokrise China zur Übernahme von Griechenlands Hafeninfrastruktur einzuladen. Stockholm steht im Dauerkonflikt mit Peking. Soll die EU geo- und handelspolitisch nicht weiter geschwächt werden, ist selbst den «Sparsamen» klar, dass sie das Scheckbuch in die Hand nehmen müssen und nicht auf chinesisches Geld zur Lösung der EU-Wirtschaftsprobleme setzen sollten. Alle können von dem Ziel der «strategischen Autonomie» profitieren oder glauben es zumindest. Das europäische Projekt folgt wieder einer «Win-win»-Logik, nicht dem «Win-lose» vergangener Jahre. Dass Macron dieses Denken so stark macht, ist seine bislang größte europapolitische Leistung, die ihn überdauern dürfte.

Zumal sich der französische Präsident bei der Umsetzung seiner Europapolitik als lernfähig erweist: Anfangs setzte er voll auf den deutsch-französischen Motor, der aufgrund Merkels Macht- oder Mutlosigkeit jedoch nicht in die Gänge kam. Nach einer Trotzphase hat er nun verstanden, dass eine Einigung mit Berlin nicht am Anfang, sondern am Schluss des Prozesses stehen muss.

Die neue Pariser Methode: Frankreich schmiedet breite Allianzen für seine Vorschläge und lässt anderen den Vortritt. Wenn Paris etwas fordert, ist Berlin stets versucht, dies als typisch französische Interessenspolitik abzutun. Wenn aber die unverdächtigen Dänen etwas fordern, muss man sich das anhören, und Berlin gerät wie von selbst in die von den Deutschen geliebte Rolle des Vermittlers. In genau dieser Position kann Berlin am ehesten dazu gebracht werden, auf kurzsichtige nationale Interessenspolitik zu verzichten und stattdessen europäisch zu denken. Kurz: Paris hat gelernt, Europapolitik nach deutscher Art zu machen, eine Art *leading from behind*, das Bundeskanzler Helmut Schmidt einst empfahl: hinter den anderen zurückzustehen, um sie diskret zu lenken.

2019 lanciert Paris gemeinsam mit der Europäischen Kommission das Ziel, den CO_2-Ausstoß innerhalb der EU bis 2030 um 55 Prozent gegenüber 1990 zu mindern. Berlin will sich nicht festlegen. Aber Macron paktiert mit acht anderen EU-Ländern quer durch die Ost-West- und Nord-Süd-Achsen. Dann vermittelt Berlin, und Warschau knickt ein. Auch beim Powerplay gegen Polen und Ungarn in Sachen Einhaltung von Rechtsstaatsprinzipien lässt Macron die Nordländer und namentlich die Niederlande vorpreschen. Weitere EU-Transferzahlungen aus dem EU-Budget werde es nur geben, wenn sie an die

Einhaltung rechtsstaatlicher Prinzipien gekoppelt würden. Um den Druck zu erhöhen, lässt Paris durchsickern, es denke darüber nach, den EU-Rettungsfonds auch ohne Beteiligung Polens und Ungarns in Kraft zu setzen, sollten die beiden dem Rechtsstaatsmechanismus nicht zustimmen. Abermals vermittelt Berlin, und Warschau und Budapest geben klein bei.

Nun versucht Macron den gleichen Trick bei der Einführung einer EU-weiten CO_2-Grenzsteuer, die Berlin (ähnlich wie die GAFA-Steuer) zwar formal unterstützt, die aber die Handelsnation Deutschland mit Sorge erfüllt. Was, wenn andere Staaten dem EU-Vorbild folgen und ebenfalls solche Zölle erheben? Doch wieder hat Paris eine breite Koalition mit Österreich, Dänemark, Spanien, Luxemburg, der Slowakei, der Niederlande und Litauen gebildet, die Berlin unter Druck setzt.

Macron steht an vorderster Stelle, wenn es um die Durchsetzung zukunftsgewandter Narrative geht. Beim europäischen Tagesgeschäft hält sich Paris neuerdings eher zurück. Diese Doppelstrategie erlaubt es Macron, Frankreich erstmals wieder seit Mitterand zur prägenden Kraft Europas zu machen.

6

SCHICKSALSWAHL 2022

Was man vergessen will, das vergisst
man nicht. Nur den Rest vergisst man.
— BORIS VIAN

Emmanuel Macrons Wiederwahl im Frühjahr 2022 wäre aus historischer Perspektive beinahe eine Anomalie. Georges Pompidou, der auf Charles de Gaulle folgte, verstarb im Amt. Valéry Giscard d'Estaing und Nicolas Sarkozy verpassten knapp die Wiederwahl. François Hollande trat, da chancenlos, kein zweites Mal an. Neben de Gaulle wurde nur François Mitterrand und Jacques Chirac eine zweite Amtszeit zuteil. Letztere hatten jedoch einen großen Vorteil: Sie bewarben sich um die Wiederwahl in einer Zeit der konfliktträchtigen *cohabitation* mit einem Premierminister des gegnerischen Lagers. So konnte der Staatschef im Élysée die Schuld für alle Missstände dem Regierungschef im Hôtel Matignon am anderen Ufer der Seine in die Schuhe schieben.

Heute ist eine lähmende «Kohabitation» zweier Widersacher nach wie vor möglich, aber weniger wahrscheinlich, weil nunmehr die Parlamentswahl unmittelbar auf die Präsidentschaftswahl folgt. Das lädt die Bürgerinnen und Bürger ein, dem von ihnen gekürten Präsidenten folgerichtig auch eine Mehrheit in der Nationalversammlung zu bescheren — oder aber ausnahmsweise gegenzusteuern. (Würde beispielsweise die rechtsradikale Marine Le Pen zur Präsidentin gewählt, könnten ihr die Französinnen und Franzosen eine parlamentarische Mehrheit verweigern.)

Der jetzige Amtsinhaber trägt allerdings die volle Verantwortung für die Politik der vergangenen fünf Jahre. Regierung und Parlament sind in seiner Hand. Das sind schwierige Voraussetzungen für die Wiederwahl, zumal Macron mit seiner Reformpolitik das Land an die Grenzen seiner Belastbarkeit gebracht hat. Nach Jahren der sozialen Konflikte hat mancher Franzose, ähnlich wie bei Sarkozy 2012, noch eine Rechnung offen mit dem Überflieger aus Amiens.

Sarkozy scheiterte, weil er gleichzeitig populär und unpopulär war: sehr beliebt im eigenen Lager, aber darüber hinaus nicht vermittelbar. Der linke Hollande wurde Präsident, nicht weil er die Menschen überzeugt hätte, sondern weil viele zentristische Wähler ins Lager «Alles, nur nicht Sarkozy» gewechselt waren. Sie verabscheuten Präsident Sarkozy nun, hielten ihn für lächerlich oder für nicht mehr auf der Höhe der Zeit.

Auch Macron zieht viel Zorn auf sich. Ein Teil der Bevölkerung hasst den Präsidenten richtiggehend, heftiger noch als Sarkozy. Gelbwesten köpften während der Proteste auch schon mal eine Macron-Puppe, sie errichteten Guillotinen mit dem Spruchband «Macron, wir warten auf dich» und riefen zum Sturm auf den Élysée-Palast. Bei den Linksaußen ist Monsieur «Weder-links-noch-rechts» sowieso eine Unperson. Bereits 2017 gab Jean-Luc Mélenchon für Macrons Duell mit Marine Le Pen im zweiten Wahlgang keine Empfehlung ab. Die Stimmung «Alles, nur nicht Macron» und eine Linke, die im zweiten Wahlgang den Urnen fernbleibt: Ist das die Situation, in der es Le Pen im dritten Anlauf gelingen könnte, endlich an die Macht zu kommen? Richtig ist: Die Linke wird die Präsidentschaftswahl entscheiden, auch wenn — oder gerade weil — sie kaum eine Chance hat, selbst die Macht zu erringen.

Frankreichs Wählerschaft war strukturell betrachtet schon immer konservativ. Das Land ist in den vergangenen Jahrzehnten noch weiter nach rechts gerückt. Holten linke Parteien 2007 im ersten Wahlgang der Präsidentschaftswahlen noch 36,5 Prozent der Stimmen, sank ihr Anteil 2017 auf 27,5 Prozent und liegt ein Jahr vor der Wahl in den

Umfragen bei 26 Prozent. Nach dem ersten Wahlgang treten die zwei bestplatzierten Kandidaten zum zweiten Wahlgang an, und Umfragen verdeutlichen hier den anhaltenden Rechtsrutsch: In einem Duell mit Marine Le Pen würde Linksaußen Jean-Luc Mélenchon haushoch verlieren und bloß 40 Prozent der Stimmen erhalten, während selbst die Sozialdemokratin Anne Hidalgo (50 Prozent) oder der Grünen-Vorsitzende Yannick Jadot (47 Prozent) bangen müssten. Das Wählerpotenzial der Linken schwindet, und sie schafft es nicht, nach dem Zusammenbruch der Parti Socialiste unter einem neuen Dach zusammenzufinden. Stattdessen macht sich eine Handvoll Splitterparteien gegenseitig Konkurrenz. Wie Pariser Beobachter es etwas frivol formulieren: Alle wollen miteinander ins Bett, aber alle zu sich nach Hause.

Das größte Problem des linken Lagers heißt Mélenchon. 2008 trat er aus der PS aus und gründete nach dem deutschen Vorbild von Die Linke die Parti de Gauche (PG). Fortan konzentrierte sich Mélenchon darauf, die PS zu demontieren und vor allem ihren gemäßigten sozialdemokratischen Flügel fertigzumachen. Denn ganz nach dem Motto «Steht dir jemand auf der Flosse, ist es meistens ein Genosse» versperren solche milden Sozialliberalen jegliche Machtperspektive für die «richtige Linke», so zumindest die Ansicht Mélenchons.

2017, als Hollande erst gar nicht wieder kandidierte, hatte der Linkspopulist sein Ziel erreicht, die PS in die Knie zu zwingen. Mélenchon, der in Marokko geboren wurde und seine Kindheit dort verbrachte, kam zugute, dass er der begabteste Redner der Republik ist. Im ersten Wahlgang erzielte er das Glanzergebnis von 19,6 Prozent, er repräsentierte die mit Abstand stärkste politische Kraft im linken Lager. Dennoch wurde er nur Vierter: Nicht die PS, sondern Macron war ihm in die Quere gekommen.

Nach Frankreichs Sozialisten muss jetzt also der amtierende Präsident erlegt werden. Die Strategie Mélenchons läuft darauf hinaus,

Macron und Le Pen gleichzusetzen. Die eine sei eine Fremdenfeindin, der andere ein Neoliberaler — beides gleich schlimm. Damit nimmt er eine Banalisierung der Rechtsradikalen in Kauf. Aber Mélenchon glaubt, dies sei der Preis, um überhaupt eine Wahlchance zu ergattern. Obendrein nähert sich der Linksnationalist den Wählern von Le Pens Rassemblement National (zuvor Front National). Was in Deutschland mehr Mythos als Realität zu sein scheint, ist in Frankreich Tatsache: In den vergangenen Jahrzehnten war eine regelrechte Wählerwanderung von den Kommunisten und der PS zu den Rechtspopulisten zu beobachten. Denn zwischen diesen Lagern bestehen viele Anknüpfungspunkte: Frankreichs Linke hat seit je einen starken nationalistischen, europakritischen Flügel. Und Deutschland-Feindlichkeit verbindet.

Marine Le Pen ist zwar in einem Schlösschen aufgewachsen, gibt aber gekonnt die aus dem vormals industriellen Norden stammende Volksfrau. Im Unterschied zur Alternative für Deutschland schimpft Le Pen auf den freien Markt, sie setzt auf den Staat und auf Protektionismus, um die Wirtschaft zu beleben. Mélenchon hält sich mit Kritik an Le Pen zurück und versucht stattdessen, ihre Wähler auf seine Seite zu ziehen. Das Label eines Linken versucht er derweil loszuwerden. 2016 wird aus seiner Parti de Gauche die neue Partei La France Insoumise. Überwog im PG-Logo noch das Revolutionsrot, setzt La France Insoumise auf Türkis-Rot-Weiß. Mélenchon beglückwünscht Le Pen zu ihrem «wachsenden Humanismus», Bundeskanzlerin Merkel gilt ihm dagegen als «antihumanistisch».

Doch Mélenchon diskreditiert sich zusehends. Die Strategie, Macron und Le Pen auf dieselbe Stufe zu stellen, geht nicht wirklich auf. Sein unablässiges EU-*bashing* kostet den Volkstribunen mehr und mehr Anhänger, die zudem sein selbstherrliches Auftreten abstößt. Mélenchon hat das Vertrauen vieler Wählerinnen und Wähler der linken Mitte verspielt, die ihn 2017 noch unterstützten;

jetzt kommt er für sie kaum noch in Frage. Katastrophal für Mélenchon war, dass er 2018 ein paar Polizeibeamte handgreiflich an der Durchsuchung der Parteizentrale von France Insoumise wegen illegaler Parteienfinanzierung zu hindern trachtete und vor laufender Kamera Sätze wie «Meine Person ist heilig. … Die Republik, das bin ich» von sich gab. In Umfragen stagniert der Chef von France Insoumise seither bei 12 Prozent. Damit schafft es Mélenchon nicht, die übrigen Linksparteien — deren Verunglimpfung jahrelang sein Tagesgeschäft war — zu einer Allianz für seine Kandidatur im ersten Wahlgang zu nötigen. Gleichzeitig scheint es unwahrscheinlich, dass er sich zugunsten einer Mitte-links-Kandidatin Hidalgo oder des Grünen Jadot zurückziehen würde.

Geschieht kein Wunder, wird sich die ewig zerstrittene Linke im ersten Wahlgang also wieder einmal selbst eliminieren. Dafür werden die Links-Wähler den zweiten Wahlgang entscheiden.

LINKS LIEGEN GELASSEN

Die Journalistin Corinne Lhaïk bezeichnet Macron als einen «Dieb»: Er bediene sich hemmungslos am kalten Buffet der politischen Ideen. Woher sie kämen und wer sie erstmals propagiert habe, sei ihm egal. In der Tat: In Macrons Élysée gehen Intellektuelle aller Schattierungen ein und aus. Die deutsch-französische Grünen-Ikone Daniel Cohn-Bendit, den nationalkonservativen Philippe de Villiers, Frankreichs Quoten-Libertäre Mathieu Laine und Gaspard König, den deutschen Vorzeigeeuropäer und ehemaligen Hertie-School-Präsidenten Henrik Enderlein: Alle lädt Macron zum Gespräch. Michel Houellebecq, das *enfant terrible* der Literaturszene, ehrt der Präsident mit der Aufnahme in die Ehrenlegion. Die Schriftstellerin Leïla Slimani, die differenziert über Tabu-Themen wie Nymphomanie oder Kindeshass schreibt und gleichzeitig die klarsichtigste Chronistin des Pariser Lebens ist, macht er zu seiner «persönlichen Repräsentantin der Frankophonie» — auch wenn ihn die Franko-Marokkanerin seiner Ausländerpolitik wegen immer wieder angreift.

Das einzige Lager, dem der Präsident keine Ehre erweist, ist jenes der Linksintellektuellen. Zugegeben: Es wäre nicht leicht für Macron, den Kontakt zu Radikalen vom Schlage des gefeierten Jungautors Édouard Louis zu knüpfen. Während der Gelbwesten-Krise soll man im Élysée zur geistigen Orientierung seinen autobiographischen Roman *Wer hat meinen Vater umgebracht* von 2018 gelesen haben. Das Buch ist eine fulminante Klageschrift gegen die Politik der vergangenen Jahrzehnte: In der Provinz habe man öffentliche Dienstleistungen abgebaut und Menschen ohne Lebensperspektive ihrem Los überlassen. Als durchsickert, das Buch werde im Präsidentenpalast herumgereicht, tweetet Louis: «Sehen Sie davon ab, mich zu benutzen, um die Gewalt zu maskieren, die Sie ausüben und inkarnieren. Ich schreibe, um Sie zu beschämen und um denen Waffen zu geben, die Sie bekämpfen.»

Ein Teil der französischen Linken kultiviert einen Macron-Hass, der das Maß des Nachvollziehbaren übersteigt, so wie sich ein Teil der deutschen Konservativen und Reaktionäre in einen peinlichen Merkel-Hass hineingesteigert hat. Doch auch zu gesprächsbereiten Linken meidet Macron jeden Kontakt. Obwohl beispielsweise Thomas Piketty ähnlich denkt wie er, jedenfalls in Sachen Weltwirtschafts- und Europapolitik, sucht Macron nicht die Nähe zum Starökonomen oder seinen mittlerweile ebenso bekannten Schülern wie Gabriel Zucman. Piketty greift Macron in seiner Kolumne in der Tageszeitung *Le Monde* regelmäßig scharf an, aber derlei Anwürfe halten Macron in anderen Fällen nicht vom Austausch ab. Liegt es womöglich daran, dass er befürchtet, Kritik aus dieser Ecke treffe ins Schwarze und lasse sich nicht einfach mit Charme überspielen?

Die Entfremdung der Linken vom Präsidenten hat viele Gründe. Der vom «Wert der Arbeit» überzeugte Macron hält an der Merito-

kratie als Organisationsprinzip der Gesellschaft fest, obwohl Links-
intellektuelle die durch Leistung legitimierte Hierarchiebildung als
«Herrschaftsinstrument» anprangern. Seine Steuerpolitik zugunsten der Vermögenden und der Unternehmen gehört dazu, auch
sein Rechtsrutsch in einigen sozialpolitischen Fragen. Anders als im
Wahlprogramm annonciert, strebt er nun die Erhöhung des Renten-
eintrittsalters von 62 auf 64 Jahre an. In der Asylpolitik drängt der
Präsident auf schnelle Verfahren und das Ausweisen unerwünsch-
ter Schutzsuchender. «Mein Ziel ist es, all jene Leute aus Frankreich
abzuschieben, die hier nichts zu suchen haben», erklärt er unver-
blümt.[168] Als Kandidat schreibt Macron in *Révolution* Sätze wie:
«Humanität im Umgang mit Flüchtlingen bedeutet auch, sie nicht
im Glauben zu lassen, dass wir alle aufnehmen können.» Trotzdem
pries er Angela Merkel für ihre Politik von 2015, knapp eine Million
Geflüchtete aufzunehmen.

Worin besteht noch der Unterschied zu einer Präsidentschaft Le
Pens, fragen viele Linke, wenn Macron an seinem Innenminister
Gérald Darmanin festhält, der den Islam pauschal als «Problem» bezeichnet und im Amt bleibt, obwohl gegen ihn aufgrund des Ver-
dachts auf Vergewaltigung ermittelt wird? Ist Macron am Ende nicht
auch einer dieser Autoritären, die notfalls Gewalt anwenden? Die
Gelbwesten-Proteste hätte er ohne die Loyalität der Ordnungskräfte
kaum überlebt. Auch setzt er auf mehr Repression im Kampf gegen
Kriminelle und stockt die Polizeikräfte um 10 000 Stellen auf. Mehr
«Polizeiblau» auf der Straße schrecke Verbrecher ab und beruhige
die Bevölkerung, so Macron. Innenminister Darmanin geißelt polemisch eine «Verwilderung» gewisser Gegenden. Das Gesamtbild der
Kriminalität ist kontrastreich: Die Mordrate ist in den vergangenen
Jahrzehnten rapide gesunken, die Anzahl der Einbrüche bleibt stabil.
Aber die Zahl der Gewaltdelikte steigt in der Tat, von jährlich rund
200 000 (2008) auf 240 000 (2018). Dies könnte freilich auch eine

Folge davon sein, dass Gewaltopfer häufiger die Polizei rufen und Anzeige erstatten.

Jedenfalls liegt das Thema Sicherheit in Umfragen gleichauf mit der Arbeitslosigkeit und der Kaufkraft, die die «Top 3» des französischen Sorgenbarometers bilden. Jeder Präsident muss dem Rechnung tragen, und die Ordnungskräfte genießen in der Gesamtbevölkerung recht hohes Ansehen. Trotzdem irritiert es ganz besonders, dass Innenminister Darmanin erst nach heftigen Protesten einen Gesetzesentwurf abmilderte, der per Gummiparagraphen die Verbreitung von Fotos von Polizisten pauschal unter Strafe stellt, «wenn dies dazu angetan ist, der psychischen oder körperlichen Unversehrtheit der Beamten zu schaden». Hinzu kommt die Affäre um Macrons Leibwächter Alexandre Benalla vom Sommer 2018. Der junge Benalla war am Rand einer Kundgebung zum 1. Mai gegenüber einem Teilnehmer handgreiflich geworden. Vom Sohn marokkanischer Einwanderer, der in der Pariser Vorstadt Évreux aufgewachsen war und der den Präsidenten auch bei Wochenendtrips zum normannischen Ferienhaus begleitete, trennt sich Macron erst, als der Vorfall publik wird.

Innenpolitisch ist Macron aus französischer Sicht kein Linker. Noch klarer wird das, sobald es um die Kulturkämpfe unserer Zeit geht, die Macron aus dem Élysée heraus befeuert.

DER REAKTIONÄRE AUFKLÄRER

Gegen Identitätspolitik, Multikulturalismus, *Cancel Culture*: Macron vertritt ein französisches Modell, das gleich in mehrfacher Hinsicht quer zu der neuen antirassistischen Denkschule aus den Vereinigten Staaten steht. Während die meisten europäischen Staatschefs diese komplizierte Debatte weitestmöglich zu umschiffen versuchen, exponiert sich Macron.

In Interviews bezeichnet der Präsident die «Ethnisierung der sozialen Frage» an amerikanischen Universitäten als «Gefahr für die

Einheit der Republik»; sie befördere den Sezessionismus.[169] Er bemängelt, die westliche Welt mutiere zu einer «emotionsgeladenen Opfergesellschaft», in der «eine Art Opferprimat» andere Diskurse verdränge. Macrons Hochschulministerin Frédérique Vidal wirft den Linken unter dem Kampfbegriff *Islamo-Gauchisme* vor, sich zu Komplizen islamistischer Fundamentalisten zu machen, indem sie Islamophobie in Staat und Gesellschaft anprangerten. Vidal will sogar mit einer Studie unerwünschte akademische Projekte an Frankreichs Universitäten ausfindig machen: «Man darf natürlich in Frankreich postkoloniale Studien betreiben oder zum Thema Intersektionalität forschen. Aber wir müssen unterscheiden zwischen wissenschaftlicher Arbeit und jenen, die solche Arbeiten nutzen, um eine Ideologie zu verbreiten und den Aktivismus zu nähren.»[170] Nicht wenige Akademiker fürchten einen neuen McCarthyismus, eine staatliche Hexenjagd auf unbequeme Intellektuelle wie in den Vereinigten Staaten der 1950er Jahre.

Innenminister Darmanin bezeichnet es in einer Fernsehdebatte mit Le Pen als störend, wenn Supermärkte Halal- oder koscheres Fleisch in einem separaten Regal und nicht in dem normalen Frischfleischregal feilböten. So fange Kommunitarismus an, der Zerfall der Gesellschaft in Gemeinschaften.[171]

Macron ist sich auch nicht zu schade, der Wochenzeitschrift *Valeurs Actuelles*, dem Leib- und Magenblatt französischer Reaktionäre, ein Interview zu geben. Dem Schriftsteller Houellebecq erklärt er in der Lobrede zur Aufnahme in die Ehrenlegion: «Sie sind zutiefst antieuropäisch, ich bin der pro-europäischste aller französischen Präsidenten. Man beschuldigt Sie, reaktionär, misogyn und islamophob zu sein, während ich mich für das Progressive, für die Frauenrechte und gegen Diskriminierung einsetze.»[172] Ist das alles ein billiges «Rechtsblinken» seitens Macrons in dem Land, das trotz Revolutionsmythos erzkonservativ ist?[173] In Umfragen begrüßen zumindest 69 Prozent der Franzosen inklusive der Mehrheit der Linken- und Grünenwähler Vidals Ankündigung, gegen identitätspolitisch motivierte Arbeiten an den Universitäten vorgehen zu wollen.[174]

Doch dahinter steckt mehr. Macron gibt nämlich auch linksorientierten Medien gern Interviews. Mit polarisierten Medien zu sprechen, positioniert ihn als Mann der Mitte, der keine Konfrontation scheut und mit sämtlichen Franzosen im Dialog steht. Auch tut sich die Linke manchmal selber keinen Gefallen, wenn sie im Kampf gegen die Diskriminierung von Minderheiten die Nähe zu fragwürdigen Organisationen sucht — wenn sich zum Beispiel Straßburgs grüne Bürgermeisterin für eine 2,5 Millionen Euro schwere Subvention für den Bau der größten Moschee Europas ausspricht, die maßgeblich von der türkisch-nationalistischen Organisation Millî Görüş finanziert wird (die in Deutschland vom Bundesverfassungsschutz beobachtet wird). Millî Görüş weigert sich, die Charta des Französischen Rats des muslimischen Kultus zu unterschreiben, die unter anderem Diskriminierung aufgrund der sexuellen Orientierung verurteilt.

Warum aber betrachtet Macron die neue Identitätspolitik als Gefahr? Weil Frankreich seine sehr eigene Vorstellung vom Umgang mit Minderheiten, von der Integration von Ausländern und vom Platz der Religion in der Gesellschaft hat.

Die Französische Revolution hat den König, die feudale Gesellschaft und die Kirche niedergerungen. Statuen wurden gestürzt, Nonnen geköpft, die christliche Zeitrechnung abgeschafft. An die Stelle der Monarchie trat nicht etwa der liberale Nachtwächterstaat, sondern eine Republik mit ihrer triadischen Zielformel *Liberté, Égalité, Fraternité*. Der erste Artikel der Verfassung der Fünften Republik von 1958 lautet: «Frankreich ist eine unteilbare, laizistische, demokratische und soziale Republik. Sie gewährleistet die Gleichheit aller Bürger vor dem Gesetz ohne Unterschied der Herkunft, Rasse oder Religion. Sie achtet jeden Glauben.»

Kern der Republik ist das Gleichheitsprinzip: keine Privilegien für niemanden und schon gar nicht für die elitäre Minderheit der Aristokraten und Kleriker. In Frankreich gibt es Französinnen und Franzosen, und sonst nichts. Die Republik duldet keine abweichende kollektive Identität neben der nationalen. Das Wort Minderheit kommt in der Verfassung nicht einmal vor. Er möge dieses Wort nicht, hat Macron wiederholt erklärt, und ist mit dieser Haltung längst nicht allein.[175]

Entsprechend ist Frankreichs Einbürgerungsrecht nach wie vor verhältnismäßig liberal; Nationalität ist keine Frage der Herkunft. Die Revolution machte Frankreich zu einem Einwanderungsland. Freiheitsliebende strömten herbei und wurden *Citoyens*. «Woher man kam», vergaß man am liebsten, es spielte keine Rolle. Die Republik ist ein idealistisches Freiheitsprojekt und gewiss nicht die Staatswerdung eines Volkes. Wer in Frankreich geboren wurde und mit 18 Jahren dort lebt, ist Franzose. Wer für die Republik sein Leben aufs Spiel gesetzt hat wie die Fremdenlegionäre sowieso.

Im Gegenzug wird von Einwanderern erwartet, dass sie sich in der Masse der Franzosen auflösen: Assimilation statt Integration. Lange Zeit funktionierte das erstaunlich gut. Viele kamen aus genau diesem Grund: Von Neuem beginnen, Franzose werden. So erklärt sich, dass die italienischen Einwanderer, die während der *Trente Glorieuses* auf der Suche nach einem besseren Leben nach Frankreich zogen, kaum Spuren hinterlassen haben.

In Deutschland und in der Schweiz trafen sich Italiener in eigenen Lokalen und eröffneten (zum Glück!) viele Restaurants. In Frankreich dagegen sprechen die Kinder oft kaum noch die Sprache ihrer Eltern und essen lieber Crêpes als Pasta. Es ist nicht lang her, da ließen sich in Paris gute Pizzerias mit vorzeigbarer Speisekarte an einer Hand abzählen; und in Supermärkten suchte man vergebens nach italienischen Produkten wie Risotto-Reis.

Doch mittlerweile stößt das französische Assimilationsmodell an Grenzen. Die Wirtschaft floriert nicht mehr, Menschen wandern aus ferneren Weltregionen ein, sie und ihre Kinder unterscheiden sich aufgrund ihres Aussehens von der Mehrheitsgesellschaft, die sie diskriminiert. Verlässliche Zahlen zum Ausmaß der Benachteiligung und Ausgrenzung fehlen. Denn es ist verboten, in der Meinungsforschung nach Hautfarbe, «Migrationshintergrund» oder Religionszugehörigkeit zu fragen. Anhaltspunkte gibt jedoch eine Studie von Marie-Anne Valfort. In einem Großversuch hat sich die OECD-Ökonomin mit fiktiven Lebensläufen auf viele Stelleninserate beworben. «Bewerber» mit muslimischen Namen wurden durchschnittlich 1,6-mal seltener zum Gespräch geladen.[176] (Interessant ist, dass die Diskriminierung von Frauen mit muslimischen Namen deutlich geringer ist als die von Männern, und insgesamt scheint die Benachteiligung über die Jahre zurückzugehen.) Wie soll Assimilation oder Integration gelingen, wenn es die Mehrheitsgesellschaft entgegen dem republikanischen Ideal nicht schafft, Minderheiten ohne Vorurteile zu sehen?

Macron erkennt das Problem unumwunden an: «Unsere Integrationspolitik hat nicht funktioniert.» Dies sei am bittersten für diejenigen, die einen «anderen Vornamen oder eine andere Hautfarbe»[177] haben. Den Begriff der «Assimilation» will er aus dem Zivilgesetzbuch streichen. Die Republik müsse Pluralismus zulassen und die vielfältige Geschichte ihrer Bürger als Chance wahrnehmen. Kinder von Zugewanderten sollen ermutigt werden, die Sprache ihrer Eltern nicht zu vergessen. Multikulturalismus lehne er dennoch ab. Diversität solle sehr wohl gefeiert werden, er glaube an die Pluralität im Universalismus, «doch das erfordert, dass ungeachtet unserer Unterschiede, worin auch immer sie bestehen mögen, wir Bürger versuchen, etwas Gemeinsames, Universelles zu kreieren. Denn das ist Frankreich.»[178]

Die Französische Revolution gründet auf dem aufklärerischen Bild des vernunftbegabten Menschen. Die Gesellschaft kann geformt, zusammengeführt, zum Besseren verändert werden. Das heutige Frankreich bleibt ein solches voluntaristisches Gesellschafts- und Zivilisationsprojekt. Die linke Aktivistin Caroline Fourest beobachtet fast wehmütig: «Wir sind sicherlich die Letzten in der Welt, die noch an die Utopie des Universalismus glauben: an den Traum, dass man nach einem höheren Ideal streben und der Mensch von seiner Identität abstrahieren kann, die nur ihn einschließt.»[179]

Die Republik ist also in einem Jahrhunderte dauernden Kulturkampf engagiert. Und bei solchen Auseinandersetzungen um die Deutungshoheit bleibt per Definition wenig Platz für Pragmatismus. Es geht schließlich darum, Ideen der Realität aufzudrängen statt umgekehrt. Religionen können das Primat der Republik infrage stellen und haben das Potenzial, die Franzosen zu spalten. Der Raum in der Gesellschaft für den Katholizismus gestern und den Islam heute muss daher eng gehalten werden, auch wenn dies einige Mitbürgerinnen und Mitbürger ausgrenzt. Minderheiten müssen bekämpft, am besten geschluckt werden. Vor diesem Hintergrund und wegen des französischen Glaubens an die Kraft der Ideen erklärt sich, dass Macron wie auch viele Konservative und Linke geradezu allergisch auf den neuen Antirassismus amerikanischer Prägung reagieren.

Allerdings begeben sich Macron und die Republik dabei auf Glatteis, und sie drehen Pirouetten. Die Pariser Philosophin Nadia Yala Kisukidi erinnert daran, dass Wissenschaft seit je eine gesellschaftsverändernde Wirkung entfalte und gerade Frankreich eine stolze Tradition der «engagierten Akademiker» habe. Ist es denn per se problematisch, wenn Forscherinnen und Forscher die augenscheinliche Diskriminierung von Minderheiten beleuchten? Spielen sie damit tatsächlich den Islamisten in die Hände, die einen unausweichlichen Kampf der Kulturen predigen, und den fanatischen Identitätspolitikern, die den Traum eines Zusammenkommens der Menschheit aufgeben?

Möglicherweise. Jedes Forschungsergebnis lässt sich missbrauchen und instrumentalisieren. Aber wissenschaftliche Forschung macht überhaupt erst deutlich, welche Voraussetzungen erfüllt sein müssten, um Rassismus und Diskriminierung zu bekämpfen. Absurd wird es, wenn französische Akademiker einerseits die kritische Rassismus-Forschung amerikanischer Prägung von vornherein nicht gelten lassen und andererseits klagen, sie selbst würden in ihrer Forschungsfreiheit eingeschränkt. Der große Islamwissenschaftler Gilles Keppel beklagt zum Beispiel, seine Doktoranden wagten es nicht mehr, kritisch über den Islam zu schreiben, da sie fürchteten, als islamophob gescholten zu werden. Was ist das für eine Debatte, in der beide Seiten einander vorwerfen, über die Rolle von Religion in der Gesellschaft zu forschen, obwohl sie dies selber tun!

Seit dem Mord an Samuel Paty streitet Frankreich intensiver denn je über Islamophobie und die Identitätspolitik von Minderheiten. Der Lehrer aus dem Pariser Vorort Conflans-Sainte-Honorine hatte in einer Lehrstunde zum Thema Meinungsfreiheit eine Mohammed-Karikatur der Satire-Zeitschrift *Charlie Hebdo* vorgezeigt. Zehn Tage später wurde er in der Nähe der Mittelschule auf offener Straße enthauptet.

Kurz vor seinem Tod hatte Paty die Schulleitung benachrichtigt, nächstes Jahr werde er das Thema anhand eines anderen Bilds unterrichten, da ihm die Angriffe auf sozialen Medien zu schaffen machten. Der 18 Jahre alte Mörder, Abdullah Ansorow, wurde durch eine Online-Hetzkampagne des Islamisten Abdelhakim Sefrioui auf den Lehrer aufmerksam; Sefrioui ist einschlägig bekannt und hatte Demonstrationen vor der Großen Moschee in Paris organisiert, nachdem deren Rektor zur Freundschaft mit Juden aufgerufen hatte.[180]

Der Mord an Paty hat die Französinnen und Franzosen, die nach dem Blutbad in der *Charlie-Hebdo*-Redaktion 2015 zu Millionen auf die Straße gingen, tief erschüttert. Macron erwartete Solidaritätsbekundungen aus aller Welt, doch viele europäische Politiker hielten sich zurück. In manchen US-Medien warfen Kolumnisten Frankreich sogar vor, der republikanische Laizismus sei in Wahrheit ein Feigenblatt für Islamophobie und das Attentat eine Folge der Missachtung von Anliegen der Minderheiten.

An der These ist so viel wahr, wie daran falsch ist. Der Staat ist den verschiedenen Konfessionen gegenüber neutral, nicht unbedingt aber gegenüber der Religion an sich. Die Geschichte der Republik ist eine des ewigen Machtkampfs mit der katholischen Kirche. Einen Höhepunkt erreichte das Kräftemessen Anfang des 20. Jahrhunderts. Kirchenschulen wurden massenweise geschlossen, Kruzifixe aus öffentlichen Gebäuden verbannt. Von 1904 bis 1921 unterhielt die Republik nicht einmal diplomatische Beziehungen zum Vatikan, der gegen das im Jahr 1905 erlassene Gesetz zur Trennung von Kirche und Staat Sturm lief. Islamwissenschaftler Olivier Roy spricht von der republikanischen Tradition eines «aggressiven Laizismus». Gerade einmal 34 Prozent der Franzosen gaben 2021 an, Vertretern der großen Konfessionen zu vertrauen; weltliche Institutionen wie die Banken mit 38 Prozent, die Polizei mit 69 Prozent und die Wissenschaft mit 78 Prozent scheinen ihnen vertrauenswürdiger. «Die heutige französische Idealvorstellung von Religion ist Yoga. Das kann man in seiner Küche auf einer Matte machen, und man geht niemandem auf die Nerven. Diese Haltung nimmt sowohl die öffentliche Meinung als auch die Regierung ein», sagt Roy, der in Florenz lehrt.[181]

Der amerikanische Schriftsteller Saul Bellow rühmte Paris 1983 als «himmlische Stadt der Säkularen. ‹Wie Gott in Frankreich›, so beschrieben die osteuropäischen Juden den Zustand absoluter Glückseligkeit. Ich rätselte lange über den Sinn dieser Metapher. Heute glaube ich, sie interpretieren zu können. Gott wäre in Frankreich vollkommen glücklich. Denn er würde nicht von Gebeten, Ritualen, Segenswünschen und Fragen zur Deutung komplizierter Essensvorschriften gestört werden. Umgeben von Ungläubigen könnte auch er sich abends einfach zurücklehnen, so wie das Tausende Pariser in ihren Lieblingscafés tun. Es gibt kaum etwas Angenehmeres und Zivilisierteres als eine ruhige Terrasse in der Dämmerung.»[182]

Macrons Kampf gegen den Islamismus, wie er es selbst nennt, ist also die Wiederbelebung eines militanten Laizismus. Zu dem Zweck setzt Macron auf einen Mix aus Repression, einer Bildungsoffensive und Milliardeninvestitionen in die Banlieues, die Vororte der Metropolen. Macron verneint keineswegs die sozialen Hintergründe des Islamismus. Die Republik sei mitverantwortlich dafür, dass sich ein Teil der Muslime von der Gesellschaft absondere. «Wir haben unseren Separatismus selbst geschaffen, denjenigen unserer Stadtteile … Wir haben eine Anhäufung des Elends und der Schwierigkeiten bewirkt. Wir haben die Menschen je nach ihrer Herkunft und ihrem sozialen Milieu zusammengezogen. Wir haben in diesen Nachbarschaften das republikanische Versprechen nie gehalten, und so sind dort die radikalsten Formen [des Islamismus] Quellen der Hoffnung geworden.»[183]

Ab 2024 dürfen Imame nur dann neu angestellt werden, wenn sie in Frankreich ausgebildet worden sind. Bislang wurden die meisten aus Marokko, Algerien oder der Türkei eingeflogen. Die Finanzierungsquellen von Moscheen werden durchleuchtet, die rechtlichen Hürden für die Schließung von Glaubensschulen gesenkt. Das Tragen religiöser Zeichen wird auch Arbeitnehmern privater Firmen verboten, die im Auftrag des Staats arbeiten, wie beispielsweise Busfahrer. Das Unterrichten von Kindern zu Hause, das sich in islamistischen Milieus immer stärker verbreitete, wird grundsätzlich verboten. «Die *école de la République* hat bereits die analphabetischen Kinder katholischer Familien lernen gelehrt und sie in die Republik integriert», blickt Macron auf das Ende des 19. Jahrhunderts zurück, als die Dritte Republik die allgemeine Schulpflicht einführte. Nun soll die Schulbank auch im 21. Jahrhundert ein Ort der Integration sein.[184]

Zugleich baut der Präsident an öffentlichen Schulen den Arabischunterricht aus. Der libanesisch-französische Autor Amin Maalouf, den Macron gern zitiert, schrieb 1998 in seinem Essay *Mörderische Identitäten*, das unbedingt wiederentdeckt werden sollte: «Nichts ist gefährlicher als der Versuch, die Nabelschnur zu kappen, die den Menschen an seine Sprache bindet. Ist diese durchtrennt oder schwer beschädigt, hat das desaströse Auswirkungen auf dessen gesamte Persönlichkeit.»[185] Wenn die Republik die Herkunft der Migranten und ihrer Kinder anerkenne und es ihnen erleichtere, mit der Kultur ihres Herkunftslands in Verbindung zu bleiben, könne sie nicht mehr als Feind angesehen werden, so Macrons Überzeugung. Und wenn die Republik es den Muslimen ermögliche, den Koran selbst zu lesen, würden sich auch weniger junge Leute von Fundamentalisten instrumentalisieren lassen.

Doch überrascht es nicht, dass viele Franzosen die staatlichen Eingriffe in das gesellschaftliche Leben als autoritär und übergriffig empfinden. Gerade weil Frankreich den Freiraum für Religionen beenge, befördere es die Gewalt, meint Roy.[186] Allerdings geben die islamistischen Attentäter kein einheitliches Bild ab. Viele gehören der «zweiten Generation» an, sind also Kinder muslimischer Eltern, die als Arbeitsmigranten kamen. Andere sind Konvertiten. Wiederum andere tarnen sich als Asylbewerber und reisen gezielt ein, um Anschläge zu verüben: Die Armee bekämpft mit 5 000 Soldaten in der Sahelzone islamistische Gruppierungen, und diese wollen Rache üben. Attentäter der «dritten Generation» gibt es in Frankreich hingegen nicht, obwohl auch diese Jahrgänge oft unter Diskriminierung leiden. Nicht nur Reaktionäre wie der Essayist Pascal Bruckner ziehen deshalb den Schluss, all jene amerikanischen Identitätspolitiker, die sich derzeit an Macron abarbeiten, versuchten nicht etwa, Frankreich differenziert zu begreifen, sondern sie nähmen den islamistischen Terror zum Anlass, ihre Ideen zu propagieren.

ZERREISSPROBE FÜR DIE REPUBLIK

Dass Macron auf eine Politik der «positiven Diskriminierung» nach sozialen Kriterien und nicht auf eine Minderheitenpolitik entlang der Identitäten setzt, liegt an dem tief in Frankreich verhafteten Einheits- und Gleichheitsprinzip, das seine Vorzüge hat, dem jedoch zugleich starke Widersprüche innewohnen.

Im Land der Drücker und Drängler, in dem jede und jeder seinen kleinen Vorteil sucht, ist nur fair, was für alle gleich ist. Alle Franzosen eines Jahrgangs legen zur selben Zeit das Abitur mit genau denselben Prüfungsfragen ab. Im ganzen Land beginnen exakt am gleichen Tag die Schulferien. Als Gesundheitsminister Olivier Véran erklärt, er wolle wie in Deutschland Lockdowns regional gemäß den Coronavirus-Inzidenzen ausgestalten, fragt der Interviewer, ob das nicht die Einheit des Staats und die Rechtsgleichheit der Franzosen schmälere. Eine positive Diskriminierungspolitik nach US-Vorbild wäre kaum vermittelbar. Doch schwarzen Franzosen, die viel öfter als ihre weißen Landsleute von Polizisten auf der Straße kontrolliert werden, nützt es wenig, sich auf das Gleichheitsprinzip zu berufen.

Immerhin bildet das Gleichheitsprinzip die Grundlage des starken Sozialstaats, der nicht nur Armutsbekämpfung betreibt. Das Sozialsystem basiert auf den drei Us: *unité, uniformité, universalité*. Es soll zur Einheit im Lande beitragen, einheitlich ausgestaltet werden und allen Bürgerinnen und Bürgern zugutekommen. Es setzt auf nichtdiskriminierende Leistungen. Alle Franzosen beziehen Kindergeld und haben Anrecht auf subventionierte Kitaplätze. Der Besuch von Universitäten ist für alle praktisch kostenlos. Alle Studentinnen und Studenten, auch ausländische, haben Anrecht auf Wohngeld, alle sind automatisch in der staatlichen Kranken- und Rentenkasse. Indem die Republik Politik für alle macht, ist sie in der Bevölkerung umso breiter abgestützt.

Es sind vor allem Konservative und Reaktionäre, die Statistiken zum Einkommensniveau, zum Bildungsgrad oder zum Empfang von Sozialleistungen nach Religionszugehörigkeit oder Hautfarbe aufschlüsseln wollen. Sarkozy brachte ein solches Gesetz auf den Weg, das aber das Verfassungsgericht kassierte. Le Pen zitiert gern Statistiken, die den überproportionalen Ausländeranteil in den Gefängnissen aufzeigen. Was wäre, wenn sie auch noch Statistiken zum «Migrationshintergrund» der Sozialhilfeempfänger in der Hand hätte?

Linksaußen Mélenchon ist gegen solche Versuche seit je ins Feld gezogen: Die Vereinigten Staaten seien «Meister der ethnischen Statistiken», aber «die Schlechtesten im Kampf gegen die Segregation und Ungleichheiten aller Art».[187] Und weiter: «Im liberalen, angelsächsischen Modell verkürzt man die Identität jedes Einzelnen auf seine reale oder vermeintliche Partikularität. Im republikanischen Modell sucht man das Gemeinsame wertzuschätzen und unsere Unterschiede durch das Gemeinsame zu überwinden.» Identitätspolitik für die Minderheiten lehnen viele Linke also ab, weil sie das republikanische Gemeinschaftsgefühl untergrabe, das den starken Sozialstaat erst ermögliche. Man dürfe nicht in die Falle der Rechten tappen, die Politik nach ethnischer Zugehörigkeit variieren wolle.

Die Frage, wie man sich zur neuen Identitätspolitik stellen soll, zerreißt vor allem Frankreichs Linke. Im März 2021 entflammt eine heftige Debatte über die Frage, ob es legitim sei, dass die linke Studenten-Gewerkschaft UNEF nach Hautfarbe getrennte Treffen organisiert, um über Diskriminierung zu diskutieren. Die Pariser Bürgermeisterin Hidalgo, die mit einer Präsidentschaftskandidatur flirtet, verurteilte solche Treffen als «sehr gefährlich». «Diese Philosophien, die sich daranmachen, identitäre Unterschiede zu beleuchten», würden den Dialog verhindern.[188] Ihre PS-Parteifreundin Audrey Pulvar dagegen, die zur Präsidentin der Region Paris avancieren will, nimmt keinen Anstoß daran, dass «Menschen, die unter der gleichen Diskriminierung leiden, das Bedürfnis haben, zusammenzukommen und sich miteinander auszutauschen».[189]

Noch ist das Thema trotz Schlagzeilen und mancher Aufregung auf den Rund-um-die-Uhr-Nachrichtenkanälen eher eine Feuilleton-Angelegenheit. In einer Umfrage Ende März 2021 erklären lediglich 17 Prozent der Franzosen, den Vorstoß der UNEF-Studierenden diskutiert zu haben. Dagegen interessieren sich 30 Prozent für das Spiel der Rugby-Nationalmannschaft gegen Wales und 75 Prozent dafür, ob der AstraZeneca-Impfstoff zugelassen werden solle oder nicht.[190]

Relevanter ist die Frage, wie sich gegen Diskriminierungen konkret vorgehen lässt. Die Frustration schwarzer *Citoyens* ist eine Realität. Die Franzosen wählen zwar den Komiker Omar Sy, dem deutschen Publikum aus dem Film *Ziemlich beste Freunde* bekannt, zu ihrer Lieblingspersönlichkeit, trotzdem sind Schwarze in der vermeintlich farbenblinden Republik immerfort Opfer von Polizeigewalt, einzig ihrer Hautfarbe wegen.

Im Juli 2016 starb der 24-jährige Adama Traoré, Sohn malischer Einwanderer, nachdem ihn die Gendarmerie in Gewahrsam genommen hatte. Die Schwester Traorés glaubt, ihr Bruder sei bei der Verhaftung dermaßen stark gegen den Boden gedrückt worden, dass er erstickte. Die Polizei erwidert, Traoré sei an dem heißen Tag nach turbulenter Verfolgungsjagd aufgrund eines Herzfehlers gestorben. Der Fall Traoré steht am Anfang einer Protestbewegung gegen die Diskriminierung schwarzer Franzosen, die durch immer wieder neue, klar dokumentierte Vorfälle befeuert wird, wie beispielsweise eine grundlose Prügelattacke von Polizisten auf einen schwarzen Musikproduzenten in der Pariser Metro, die von einer Überwachungskamera festgehalten wird. Der Präsident streitet die Probleme nicht ab. Von systemischem Rassismus in der Polizei will er aber nichts wissen. Damit Rechenschaft abgelegt werden kann, sollen Polizisten vermehrt Bodycams tragen. Der Präsident lässt gegen den Willen der Polizeigewerkschaft die Immobilisierungsmethode verbieten, bei der einem Festgenommenen mit dem Knie oder einem anderen Körperteil auf den Hals gedrückt wird.[191]

Von *Cancel Culture* hält Macron allerdings nichts. Als im Sommer 2020 in den Vereinigten Staaten, in Großbritannien und in Belgien Statuen einstiger Sklavenhalter oder der Profiteure des Sklavenhandels gestürzt werden, geht er sofort auf Sendung und erklärt: «Ich sage es Ihnen klipp und klar: Die Republik wird keine Spur, keinen Namen aus ihrer Geschichte tilgen … Sie wird keine Statuen vom Sockel stoßen.»[192] Er «hasse» den Antisemitismus von Feldmarschall Philippe Pétain. Aber Hitlers späterer Kollaborateur und Staatschef von Vichy-Frankreich (1940–44) habe im Ersten Weltkrieg eine Schlüsselrolle gespielt, weshalb auch Charles de Gaulle oder François Mitterrand ihn bei gegebenem Anlass geehrt hätte. Ebenso kämpfe er «mit aller Kraft gegen die antisemitischen Ideen von [Charles] Maurras». Doch den Gedanken, den rechtsextremen Schriftsteller aus Frankreichs Literaturgeschichte tilgen zu wollen, finde er absurd. Man müsse sich der Komplexität der Geschichte stellen und nicht einfach Unangenehmes als «böse» aussondern. Denn das Böse sei immerzu Teil der «nationalen Gemeinschaft». Mit diesem Argument kritisierte Macron bereits als Minister das Vorhaben Hollandes, französischen Terroristen die Staatsangehörigkeit abzuerkennen.

Folgerichtig hat der Präsident keine Mühe, das Unrecht des französischen Kolonialismus zu benennen. Vor Studenten in Ouagadougou, der Hauptstadt Burkina Fasos, erklärt er: «Ich gehöre einer Generation von Franzosen an, für die nun einmal die Verbrechen der europäischen Kolonialisierung unbestreitbar und Teil unserer Geschichte

sind.» Das ist noch keine Entschuldigung, aber bei Amtsantritt beauftragt Macron die Kunsthistorikerin Bénédicte Savoy und den senegalesischen Schriftsteller Felwine Sarr, einen Aktionsplan zur Rückgabe
kolonialer Raubkunst aufzustellen. Ende 2020 wird ein Gesetz verabschiedet, das die Restitution von Kulturgütern aus dem Senegal
und Benin ermöglicht. Savoy und Sarr hätten sich freilich mehr gewünscht.

Das heikelste Thema ist Algerien. 132 Jahre lang kolonisierte Frankreich das nordafrikanische Land. 3,2 Millionen *pieds-noirs*, Algerien-Franzosen, die nach der Unabhängigkeit 1962 nach Frankreich
zurückkehrten, und ihre Nachkommen leben heute in Frankreich.
Viele bedauern bis heute den Verlust ihrer Heimat, die Bestandteil
des «Mutterlandes» und ebenfalls in Départements eingeteilt war. Die
ältere Generation der Franzosen hat oft ihren Militärdienst in Nord-
afrika verbracht.

Als erster Präsident spricht Macron das heikle Thema direkt an.
In Frankreich sei der Algerien-Krieg, der von 1954 bis 1962 geführt
wurde, noch immer «unverarbeitet» (*impensé*).[193] Die neuen Generationen von Algeriern und Franzosen müssten ihre kollektiven Erinnerungen aussöhnen, um «ihr eigenes Schicksal zu formen, weit weg
von den Geleisen des Vergessens und des Ressentiments».[194] Macron
setzt Wahrheits- und Versöhnungskommissionen ein und gesteht
Gräueltaten in dem äußert blutigen Unabhängigkeitskrieg, so zum
Beispiel die Folterung und Ermordung des Anwalts Ali Boumendjel
durch den französischen Staat 1957. Paris hatte immer darauf bestan-
den, dieser habe Selbstmord begangen. Doch auch hier bleibt eine
Entschuldigung aus.

Wie kein anderer Präsident der Republik wirft sich Macron in
solche geschichts- und identitätspolitischen Debatten. Von Merkel
weiß kaum jemand, wie sie zu diesen Fragen steht; Macron glaubt,
sich den Luxus der Enthaltung nicht leisten zu können, berühren die

Debatten doch die Grundfesten der Republik. Sein Aufklärungsdiskurs, der den einen als reaktionär und den anderen als zeitlos avantgardistisch erscheint, entfernt ihn allerdings von der jüngeren und progressiven Linken. Das könnte ihm im Hinblick auf die Wahl 2022 noch Probleme bereiten.

DIE WIEDERWAHL IN REICHWEITE

Sein Vorgänger Hollande war stets um Harmonie bemüht, Macron sucht dagegen den Konflikt. Damit ist der heutige Präsident näher bei den individualistischen Franzosen, für die Politik in erster Linie Kampf und nicht Interessensausgleich ist. Die Philosophin Myriam Revault d'Allonnes resümiert diese Anschauung: «Das Ziel einer richtigen Demokratie und ihrer Institutionen besteht nicht darin, die Antagonismen aufzulösen, sondern diesen Form und Sinn zu verleihen, damit sich die Souveränität des Volkes artikulieren kann.»[195]

So gesehen hat Macron Erfolg auf ganzer Linie: Das Land ist tief gespalten. Der Präsident sagt selbst: «Meiner Ansicht nach sind viele Brüche sichtbar geworden, die schon lange vorher da waren, ein tiefgreifender Prozess, der mit der Gelbwesten-Krise hochgekocht ist.»[196] Aber in der Spaltung ist das Land politisch so vital wie lange nicht mehr. Das Geheimnis der Franzosen sei, dass sie protestieren, aber gehorchen, schrieb 1912 der Philosoph Émile-Auguste Chartier. Es ist nicht so, dass es Frankreich nur dann gut geht, wenn es kracht. Protestieren die Franzosen aber gar nicht und sind stumm, ist das ein schlechtes Omen.

2022 stehen sie nun vor einer echten Wahl: eine Rechtsextreme (Marine Le Pen), ein *Law-and-Order*-Rechter (Xavier Bertrand oder sonst ein Konservativer), ein Linkspopulist (Jean-Luc Mélenchon), eine grün-sozialdemokratische Alternative (Anne Hidalgo oder Grünen-Präsident Yannick Jadot) und womöglich ein Überraschungskandidat wie zum Beispiel der ehemalige Brexit-Chefunterhändler der EU, Michel Barnier, oder der geschasste Militär Pierre de Villiers — oder weiter mit Macron.

Viel deutet darauf hin, dass sich Le Pen im zweiten Wahlgang entweder erneut mit Macron messen wird oder es, sollte der Amtsinhaber früh strauchein, mit einem Vertreter von Les Républicains, Sarkozys alter konservativer Partei, zu tun bekommen wird. Xavier Bertrand ist der aussichtsreichste Kandidat dieser Konservativen. Er versucht, sich mit der Parole «Arbeit, Autorität, Sicherheit» zu etablieren, und malt ein Frankreich an die Wand, das in Gewalt und Kriminalität versinkt. Die Statistiken bestätigen diese Sicht zwar nur bedingt, aber Bertrand bleibt nur eine solche *Law-and-Order*-Botschaft übrig, um sich von Macron abzuheben. Deshalb verlangt er die Senkung des Strafmündigkeitsalters auf 15 Jahre, die Verlängerung lebenslanger Haftstrafen von real 30 auf 50 Jahre, die automatische Abschiebung rechtkräftig verurteilter Ausländer und vieles mehr. Bertrand, der wie Macron aus dem Norden stammt, gibt sich gern als erdverbundener Franzose mit provinziellem Anstrich, und er kehrt seinen beruflichen Hintergrund als einfacher Versicherungsvertreter heraus. Er würde Le Pen wahrscheinlich schlagen, da er der Rechtsradikalen Wählerinnen und Wähler abspenstig machen würde.

Wenn es aber wie 2017 heißt: Macron gegen Le Pen, ist nicht ausgeschlossen, dass dieses Mal ein größerer Teil der Linkswähler zu Hause bleibt und somit die Rechtsextremistin in den Élysée-Palast befördert — und das nicht nur, weil die Linke Macrons Politik zum Vorteil der sozial Schwächsten, seine progressive Bildungspolitik und seine Erfolge in Europa verkennt und die jüngeren Linken seinen Kulturkampf gegen islamistische Fundamentalisten abstoßend finden.

Macrons anderes Problem ist, dass sich viele Linke erniedrigt fühlen. Denn er hat sie nicht nur an der Wahlurne besiegt, sondern auch verbal gedemütigt und ihre Gegenmacht «auf der Straße» gebrochen. Wer gegen ihn demonstriert, ist ein «Chaot». Trotzdem hat es

Macron geschafft, seine Reformen mehr oder weniger intakt durch-
zudrücken. Erstmals seit Mitterrand straucheln linke Protestbewegungen. Vergeblich versuchen sie, den Präsidenten zur Rücknahme
einer seiner Schlüsselreformen zu zwingen. Und bei den Gelbwesten-
Protesten spielten Parteien und Gewerkschaften keine Rolle. Was ist
die Daseinsberechtigung der französischen Linken, wenn sie nicht
einmal mehr das «Monopol der Straße» hat?

So mag also das linke Lager 2022 kaum Aussichten haben. Aber,
fragen sich die Linken, müssen wir dem Präsidenten, der für die ver-
trackte Lage verantwortlich ist, auch noch zur Wiederwahl verhelfen?
Hat man nicht schon immer gesagt, dass Macron in die Katastrophe
führe?

Eine Präsidentin Le Pen würde ein paar Ausländer mehr abschieben
und die sozialen Spannungen anheizen, denken manche und übersehen, mit welcher Machtfülle das Amt ausgestattet ist. Es gibt kaum
Institutionen, die sich dem Élysée in den Weg stellen können. Der
Staatspräsident ernennt nicht nur Museums- und Opern-Direktoren,
sondern hat auch bei der Nominierung der Chefs des öffentlichen
Radios und Fernsehens ein Wort mitzureden, er ist Oberbefehlshaber
der Streitkräfte und kontrolliert die Inlands- und Auslandsgeheim-
dienste. Frankreich könnte sehr schnell Ungarn oder Polen gleichen.
Cécile Duflot, die ehemalige Vorsitzende der französischen Grünen
und Ministerin unter Hollande, prangert an, dass sich die Linken auf
Macron eingeschossen hätten und darauf verzichteten, Le Pen an-
zugreifen.[197] Duflot steht nicht gerade im Verdacht, eine Zentristin
zu sein; sie trat früh aus Protest gegen Hollandes Mittekurs aus der
Regierung aus. Doch sie zeigt auf, dass die Linke aus ihrer Frustration heraus die Bodenhaftung zu verlieren droht, wenn sie im zweiten
Wahlgang nicht mehr Le Pens Opponenten unterstützt.

Und Le Pen hat dazugelernt. Sie setzt alles daran, ungefährlich zu
wirken. Den «Frexit», den Austritt Frankreichs aus EU und Euro-

zone, hat sie aus dem Parteiprogramm gestrichen; das sei keine Priorität mehr, betont Le Pen. 2017 behauptete sie noch, dass «etwa 70 Prozent» ihres Programms ohne EU-Austritt nicht umzusetzen seien. Nun will sie die EU von innen «reformieren»: die Personenfreizügigkeit und das Schengen-Abkommen solle auf EU-Bürger beschränkt werden, was bereits heute größtenteils der Fall ist.

Auch in der Wirtschaftspolitik hat Le Pen eine Kehrtwende vollzogen. 2017 wetterte sie noch gegen Banken, doch 2021 veröffentlicht sie in der liberalen Tageszeitung *L'Opinion* einen Gastbeitrag, in dem sie das Begleichen der Staatsschulden als «moralische Pflicht» bezeichnet. Frankreich werde auch mit ihr als Präsidentin seine Schulden bedienen, beruhigt sie die bürgerlichen Wähler.[198] Mit ihrem Vertrauten Axel Loustau, der so gern den Hitler-Gruß praktiziert, zeigt sie sich nicht mehr. Stattdessen gedenkt sie der Befreiung des Konzentrationslagers Auschwitz. 2018 zwang sie der Partei den Namenswechsel von Front National zu Rassemblement National auf, ein weiterer Schritt zur «Entgiftung» der Partei ihres rechtsextremistischen Vaters.

Nachdem Le Pen 2017 daran scheiterte, die linken Wähler durch Kapitalismus-Kritik auf ihre Seite zu ziehen, will sie nun den RN als «vernünftige» Mitte-Partei verkaufen. Wie Macron und Mélenchon möchte sie weder eine linke noch eine rechte Politikerin sein. Was nicht verwundert: In einer Umfrage vom Februar 2021 meinten nur gerade 8 Prozent, dass das Links-rechts-Schema noch als maßgebliches Politikraster tauge; bloße 28 Prozent hielten es für überhaupt noch relevant. In dem Land, das die politischen Begriffe «links» und «rechts» erfand — in der verfassungsgebenden Nationalversammlung von 1789 saßen die republikanisch-revolutionären Kräfte links und die zurückhaltenden Anhänger einer konstitutionellen Monarchie rechts —, glauben 64 Prozent, diese Einteilung sei überholt.[199]

So reist Le Pen, die im Revolte-Jahr 1968 geboren wurde und fast zehn Jahre älter ist als Macron, kreuz und quer durch *la douce France* (das liebliche Frankreich), um sich ein sanfteres Image zuzulegen. Die sonst so aggressive Rhetorik fährt sie zurück; es geht darum, sich eine präsidiale Aura zu verschaffen. Die studierte Rechtsanwältin macht ihre Hausaufgaben und büffelt Details. 2017 hatte sie in der entscheidenden Präsidentschaftsdebatte mit Macron einen Stapel Sprechzettel vor sich und beging trotzdem zahllose Fehler, verwechselte beispielsweise die Telekommunikationsfirma SFR mit dem Turbinenhersteller Alstom und disqualifizierte sich damit selbst. Ein knappes Jahr vor der Wahl zeigen Umfragen, dass Macron und Le Pen im ersten Wahlgang beide mit rund 26 Prozent rechnen können und damit gleichauf lägen, mit großem Vorsprung vor allen anderen potenziellen Kandidaten. Im zweiten Wahlgang wird Macron ein knapper Sieg mit 54 Prozent gegen Le Pen mit 46 Prozent vorausgesagt. Viel zu knapp, um Le Pen bereits abzuschreiben.

Das ist ein Grund zur Sorge. Doch Le Pen stößt ihrerseits an Grenzen: Ihr Versuch, sich ebenfalls Richtung politische Mitte zu bewegen, um neue Wählerschichten zu erschließen, ist allzu durchsichtig. Das zeigt sich, als im April 2021 eine Gruppe von 20 Generälen im Ruhestand in einem Brandbrief unverhohlen mit einem Putsch droht, weil Präsident Macron nicht entschieden genug gegen den «Islamismus und die Horden der Banlieue» vorgehe. Es fehle nicht mehr viel, und die Militärs sähen sich gezwungen, einzugreifen. Obendrein erscheint ihr offener Brief am 60. Jahrestag des gescheiterten Putsches gegen Charles de Gaulle; damals ging es einigen in Frankreichs Armee darum, Algeriens Unabhängigkeit im letzten Moment zu verhindern. Le Pen verurteilt den antidemokratischen Appell nicht; vielmehr verkündet sie, die Analyse der Ex-Generäle zu teilen. Das kostet sie viel Sympathie. Und die Episode ruft der Linken in Erinnerung, dass es wahrlich nicht egal ist, ob Le Pen oder Macron im Élysée-Palast sitzt.

Aber nicht nur aus diesem Grund hat der Präsident beste Chancen auf eine zweite Amtszeit. Frankreichs Meinungsforscher überschätzen die Unterstützung für Le Pen regelmäßig. Rückt der Wahltag näher, lassen sich wieder etliche Verantwortungsbewusste wohl oder übel gegen Le Pen mobilisieren. Selbst wenn viele Franzosen Macron leidenschaftlich hassen, ist er bei weitem nicht so unbeliebt wie Sarkozy 2012, den man als halbseidenen «Präsident Bling-Bling» mit Luxusdrang verspottete. Im Gegensatz zu Sarkozys Lieblingsrestaurant Fouquet's (wo Rindertartar 34 Euro kostet), wurde Macrons Stammlokal La Rotonde (Rindertartar 23 Euro) von den Gelbwesten nicht kurz und klein geschlagen. Ein Jahr vor der Wahl haben 53 Prozent der Franzosen einen «schlechten Eindruck» von Macron (25 Prozent «sehr schlecht», 28 Prozent «eher schlecht»). Zum vergleichbaren Zeitpunkt lag die Ablehnung Sarkozys bereits bei 68 Prozent (35 Prozent «sehr schlecht», 33 Prozent «eher schlecht»).[200]

Nach Jahren der Macht ist Macrons Image noch immer nicht fixiert. Der Präsident erklärt sich zwar die ganze Zeit und artikuliert das Denken hinter seiner Politik. Er bleibt aber — wie Merkel, die ihrerseits wenig spricht — kaum greifbar. Macron ideologisiert permanent seine Entscheidungen, aber seine Politik ist in weiten Teilen unideologisch und situationsbedingt; auch das hat er mit Merkel gemein. Cécile Alduy, die Semiologin und Professorin für französische Literatur an der Stanford University, fasst zusammen: «Emmanuel Macron liebt Ideen, aber er ist alles andere als ein Ideologe.»[201]

Ist Macron eigentlich ein Grüner? Als Präsident stoppt er das Projekt des gigantischen Shoppingcenters EuropaCity in der Nähe von Paris, das bei Umweltschützern auf Widerstand stieß, und setzt sich in Brüssel für eine CO_2-Steuer ein. Oder doch eher ein Sozialdemokrat? Als Präsident erhöht er Mindestrente und Bruttomindestlohn und investiert massiv in Bildung, vor allem für sozial Benachteiligte. Macron, der Neoliberale? Als Präsident senkt er die

Steuern auf Kapital und damit für die Reichen, er baut Arbeitneh-merrechte ab. Macron, der Reaktionäre? Als Präsident plant er, die Einbürgerung durch einen anspruchsvolleren Französisch- und Ge-schichtstest zu erschweren, und will von einer Legalisierung von Cannabis nichts hören. Macron, der Progressive? Er legalisiert das Kinderkriegen per künstlicher Befruchtung für lesbische Paare und alleinstehende Frauen, wovor Hollande zurückscheute, und führt den Straftatbestand der sexistischen Beleidigung ein. Macron, der Tech-nokrat? Als Präsident reduziert er das Tempolimit auf Landstraßen auf 80 Kilometer pro Stunde, um die Zahl der Todesfälle drastisch zu senken. Macron, der Spieler? Als Präsident setzt er sich in der dritten Corona-Welle über den Rat der Wissenschaftler hinweg und verzich-tet auf einen harten Lockdown; er will Schulen und Firmen offenhal-ten, auch um den Preis höherer Infektions- und Todeszahlen. Ende April 2021 verzeichnet Frankreich 1492 Corona-Tote pro Million Einwohner. Das entspricht dem EU-Durchschnitt, ist aber deutlich höher als die 963 pro Million Einwohner in Deutschland.

Auf Macron lässt sich alles projizieren. Seine Singularität und Wi-dersprüchlichkeit sind zugleich sein größter Schutz. Nur so ist zu er-klären, dass er es geschafft hat, den üblicherweise unaufhaltsamen Abwärtstrend der Beliebtheitswerte eines französischen Präsidenten dauerhaft zu brechen. Auf dem Höhepunkt der Gelbwesten-Krise sank Macrons Popularität mit 26 Prozent Zustimmung auf den Tief-punkt. Nunmehr oszillieren seine Werte um die 50 Prozent. Das mag für deutsche Ohren nach wenig klingen. Tatsächlich ist es für französische Verhältnisse außergewöhnlich. Ein Jahr vor der jeweils verpassten Wiederwahl lag Sarkozy bei 35 Prozent und Hollande bei 21 Prozent Zustimmung.[202] Und mit dem erhofften Ende der pan-demiebedingten Restriktionen kann Macron zumindest kurzfristig auf einen Boom der Wirtschaft bauen. Gleichzeitig wird der Co-rona-Schock allen noch lang in den Knochen stecken. Trump wurde gewählt, als die Vereinigten Staaten wirtschaftlich relativ gut dastanden. Und abgewählt, als die Corona-Wirtschaftskrise wütete. Macrons Schicksal hängt durchaus auch vom Virus und seinen Nachwirkungen ab.

Trotzdem darf er mit der nötigen Gelassenheit eine zweite Amtszeit in den Blick nehmen. Er hätte dann weitere fünf Jahre Zeit, um seinen Dritten Weg weiterzugehen — diesen Mix aus staatlich finanzierter Industriepolitik zur Stärkung der Wettbewerbskraft, Unterstützung der sozial Schwächsten, Bildungsinvestitionen, Entlastungen für die Mittelschicht und dem Umbau Europas von einer Markt- in eine Machtunion. Für sich genommen ist Macrons Politik nicht revolutionär; revolutionär ist aber, dass er es geschafft hat, einen Großteil ebendieser Politik in einem aufrührerischen Land zu verwirklichen und in Europa die französische Vorstellung von der Handels- bis zur Digitalpolitik zum Mainstream zu erheben. Die Einsicht, dass sich eine progressive Politik der Mitte nicht mit dem Befeuern der Wirtschaft und einem Umverteilungs- und Chancengleichheitskurs begnügen darf, sondern auch auf Europa setzen muss, ist Macrons Beitrag zur Neuplanierung des Dritten Wegs. Den Wandel in der Kontinuität zu ermöglichen, ist ein Merkmal guter Politik. Macron jedenfalls macht keine schlechte Politik.

Aber Frankreichs Präsident operiert am offenen Herzen. Er hat Frankreich nicht mit sich selbst versöhnt — und weiß auch, dass dies nur bedingt möglich ist. Das politische System ist weiter polarisiert. Und mit ihm an der Spitze hängt mehr denn je alles am Amt des Präsidenten. Versprochene Reformen zur demokratischeren Verteilung der Macht wie beispielsweise die Einführung des Verhältniswahlrechts für einen Teil der Sitze in der Nationalversammlung hat der Präsident nicht durchgesetzt. Stattdessen hat Macron die Macht noch stärker zentralisiert und damit den eigenen Einsatz verdoppelt.

«Frankreich kann noch eine Revolution entfachen», spekulierte

einst Cioran. «Bevor Frankreich seine Möglichkeiten zu gesellschaftlicher Erneuerung völlig erschöpft, wird das Gesindel (*la populace*)
triumphieren, seinen Auftritt haben müssen.»[203] Und im Exil auf der
Südatlantikinsel St. Helena schrieb Napoleon: «Das Schicksal Frankreichs hing gänzlich von dem Charakter, den Handlungen und dem
Gewissen eines Mannes ab, dem es diese unbeabsichtigte Diktatur an-
vertraut hatte. Von diesem Tag an war ich der Staat … Ich war selber
der Grundpfeiler eines neuen Gefüges auf sehr fragilem Grund! Sein
Überleben hing an jeder meiner Schlachten.»[204]

Emmanuel Macron ist kein Napoleon, ebenso wenig steht Marine
Le Pen für das Gesindel. Trotzdem: Die Präsidentschaftswahl setzt
eine Zäsur für Frankreich und die Europäische Union. Scheitert
Macron, werden im besten Fall ein unruhiges Frankreich und ein
verunsichertes Europa fünf Jahre auf der Stelle treten. Im schlimmsten Fall stürzt die Republik und damit die EU in die Dauerkrise.
Gewinnt aber Macron, kann der noch immer junge Präsident sicher-
stellen, dass sein etwas anderer Dritter Weg — der liberale *Laissez-
faire*-Elemente mit linken wie rechten Geltungsansprüchen verknüpft
— überdauert und sogar für Europa zum Modell wird. Wer Wahlen
nicht nur einmal, sondern ein zweites Mal gewinnt, wird nachge-
ahmt. Eine zweite Runde Macron würde Frankreich und Europa
wahrlich guttun.

DANKSAGUNG

Mein herzlicher Dank gilt zuallererst den vielen Gesprächspartnerinnen und Gesprächspartnern, mit denen ich Emmanuel Macrons Präsidentschaft in den vergangenen Jahren erörtert habe, zuletzt meist über Zoom, manchmal bei Pariser Winter- oder Frühlingsspaziergängen: Radu Albu-Comănescu, Vlad Andrei, Abbas Azad, Arnaud Bastin, Daniel Binswanger, Georg Blume, Marie Cahuzac, Cécile Calla, Claire Demesmay, Samuel Doveri Vesterbye, Michel Duclos, Paul Fehlinger, Ulrike Franke, Sylvie Goulard, Faÿçal Hafied, Tibor Hanappi, Ari Helgason, Alexandre Holroyd, Raphaela Hyee, Antoine Levy, Alejandro Lloreda, Michael Martin-Badier, Olivier Marty, Jean-Dominique Merchet, Paul Nizon, Florent Parmentier, Martin Quencez, Manolo Reynaud, Maxime Rog, Grégoire Roos, Tanguy Séné, Ludovic Subran, Massimo Ungaro, Shahin Vallée, Thomas Wieder und Prezmek Zybowski. Meine Entschuldigung gilt all jenen, die ich nicht erwähne, wie ich auch alle Fehler verantworte, die dieses Buch womöglich enthält.

Der Dank gilt auch meinen Arbeitskolleginnen und -kollegen, die mir Zeit für das Schreiben gelassen haben; Tag für Tag erweitern sie meinen Horizont in Sachen Wirtschaft, Wissenschaft und Politik. Erwähnen möchte ich Niall Ferguson, Elettra Ardissino, Pierpaolo Barbieri, Eyck Freymann, Alice Han, Gil Highet, Patrycja Koszykowska, Nicholas Kumleben, Daniel Lansberg-Rodríguez, Jay Mens, Chris Miller, Stephanie Petrella, Kathryn Salam, John Sununu und Dimitris Valatsas.

Ich danke in meinem engen Kreis Hélène für den Vian-Hinweis, Anna für ihre Ausdruckskraft, Anne für das kritische Gegenlesen, Ivo für die Freundschaft und Camille dafür, dass sie mich dieses Land lieben gelehrt hat; ohne sie gäbe es das Buch wohl nicht. Auch konnte ich immer auf die Unterstützung meiner Familie zählen. *Merci beaucoup* an Verena, eine deutsche Europäerin im Land ihres verehrten Michel de Montaigne, die mir bei Brouilly und später Café Gourmand das Denken und Leben in schönster Generosität der Widersprüche beibringt.

Und nicht zuletzt *merci* an Heinrich Heine, der wie kein anderer Deutscher diesen gleichermaßen bewegten und bewegenden Flecken Erde zu verstehen wusste: «Als am 14. Julius 1789 das Wetter sehr günstig war, begann das Volk das Werk seiner Befreiung, und wer am 14. Julius 1790 den Platz besuchte, wo die alte, dumpfe, mürrisch unangenehme Bastille gestanden hatte, fand dort, statt dieser, ein luftig lustiges Gebäude, mit der lachenden Aufschrift: *Ici on danse.*»

Paris, im Mai 2021

ANMERKUNGEN UND QUELLEN

VORWORT

1   Aude Vernuccio, «Houellebecq: ‹La France a un don pour la dépression›», *Le Figaro*, 15. April 2013
2   Béatrice le Bohec, «Emmanuel Macron, énigmatique candidat à la présidence française», *Public Sénat*, 22. Februar 2017

1. KAPITEL:
WER IST EMMANUEL MACRON?

3   Marie Lemonnier, «Le macronisme vous hérisse? Myriam Revault d'Allonnes vous explique pourquoi», *Le Nouvel Observateur (L'Obs)*, 17. Januar 2021
4   Nicolas Schiavi, «Emmanuel Macron ne se laisse pas déchiffrer», *Gala*, 22. November 2017
5   Solenn de Royer, «La multiplication des crises a obligé Emmanuel Macron à renouveler le logiciel qui l'a porté au pouvoir», *Le Monde*, 7. Dezember 2018
6   «La République ‹ne déboulonnera pas de statue› ... mais Sibeth Ndiaye n'exclut pas quelques exceptions», *France Inter*, 15. Juni 2020
7   «Identité, crise sanitaire, complotisme ... Macron, l'entretien confession», *L'Express*, 22. Dezember 2020
8   Hélène Combis, «‹Président jupitérien›: comment Macron comptait régner sur l'Olymp (avant les Gilets jaunes)», *France Culture*, 19. Juni 2017
9   Emmanuel Carrère, «Orbiting Jupiter: my week with Emmanuel Macron», *The Guardian*, 20. Oktober 2017
10 Agence France-Presse, «Un personnage de roman nommé Macron», 7. September 2017
11 «Emmanuel Macron: ‹Paradoxalement, ce qui me rend optimiste, c'est que l'histoire en Europe redevient tragique›», *Le Monde*, 27. April 2018
12 Emmanuel Macron, *Révolution*, Paris 2016, S. 18
13 Carrère, «Orbiting Jupiter»
14 Delphine Bernard-Bruls, «Emmanuel Macron ‹sale gosse› ... l'autre visage du bon élève», *Gala*, 7. Februar 2021
15 Le Bohec, «Emmanuel Macron, énigmatique candidat à la présidence française»
16 «Emmanuel Macron: ce surprenant livre que le président a écrit adolescent», *Voici*, 26. November 2020
17 Corinne Lhaïk, *Président Cambrioleur*, Paris 2020, S. 231

18 Giacomo Casanova, *Aus meinem Leben*, Frankfurt am Main 2010, S. 10

19 Saul Bellow, «My Paris», *New York Times*, 13. Mai 1983

20 Carrère, «Orbiting Jupiter»

21 Odo Marquard, *Skepsis in der Moderne*, Stuttgart 2007, S. 19f.

22 Macron, *Révolution*, S. 15

23 Olivia de Lamberterie, Marion Ruggieri, «Virginie Despentes: ‹Si ça se trouve, Jésus, c'était le loser du coin›», *Elle*, 26. Mai 2017

24 Michel Crépu, «Politique et littérature, l'énigme Macron», *La Nouvelle Revue Française*, 27. April 2018

25 Ebd.

26 Zu sehen in einer France3-Dokumentation von 2017, die bei YouTube zu finden ist: https://www.youtube.com/watch?v=lu7a-kIzk1Q

27 «Une campagne de vaccination qui n'est pas ‹à la hauteur des Français›, Emmanuel Macron s'agace», *La Dépêche*, 3. Januar 2021

28 Rym Momtaz, «Macron on Goulard's rejection: Don't blame me», *Politico*, 10. Oktober 2019

29 «Wir brauchen politisches Heldentum»: Gespräch mit Frankreichs Präsident Emmanuel Macron, DER SPIEGEL, 42/2017, 10. Oktober 2017

2. KAPITEL:
ZWEIFEL UND VERZWEIFLUNG IN FRANKREICH

30 Éric Zemmour, *Le suicide français. Ces 40 années qui ont défait la France*, Paris 2014

31 «Enquête: les Français toujours plus pessimistes!», *LCI*, 20. September 2019

32 «Spain has lowest ‹delusions of grandeur› in Europe: poll», *www.thelocal.es*, 31. Oktober 2018

33 «Sondage: les Français ont majoritairement confiance en leurs forces de l'ordre», *LePoint.fr*, 11. Juni 2020

34 Mustapha Kessous, «Kylian Mbappé: ‹Je la trouve belle cette coupe. Elle est en or, et l'or représente la suprématie›», *Le Monde*, 13. Juli 2018

35 Sophie Bourdais, «France-Allemagne, à chacun son JT #1: qui fait court, qui fait long», *Télérama*, 7. April 2015

36 Lorenzo Ferrari, «190 million Europeans have never been abroad», *European Data Journalism Network*, 21. Juni 2018

37 André Glucksmann, *Descartes, c'est la France*, Paris 1987, S. 56

38 Alex Gray, «Do you trust other people? Don't worry, most people don't trust you either», World Economic Forum Website, 21. Dezember 2016

39 «L'école, principale cause du pessimisme français?», *marie claire*, 2013

40 E. M. Cioran, *Über Frankreich*, Berlin 2010, S. 14 und 38

41 Gespräch mit dem Autor

3. KAPITEL:
MACRONS THEORIE DER MACHT

42 Jean-Gabriel Fernandez, «La retraite des cheminots, un régime spécial largement déficitaire», *Le Monde*, 8. Mai 2018

43 Jacques Julliard, *Le Malheur français*, Paris 2005, S. 7

44 Marc Endeweld, «Emmanuel Macron et l'‹État profond›», *Le Monde diplomatique*, September 2020

45 Agence France-Presse, «‹Je suis votre chef›: fermeté, autoritarisme ou aveu de faiblesse?», 14. Juli 2017

46 «Wir brauchen politisches Heldentum», DER SPIEGEL

47 Laurent de Boissieu, «Emmanuel Macron sur les traces de Charles de Gaulle», *La Croix*, 4. Oktober 2018

48 Julliard, *Le Malheur français*, S. 75

49 Anne Laffeter, «‹Houellebecq et les Inrocks›, épisode 8: entretien croisé avec Emmanuel Macron: ‹Je ne crois pas au referendum permanent›», *Les Inrockuptibles*, 3. Januar 2019

50 Conversation between President Nixon and the President's Assistant for National Security Affairs (Kissinger), Foreign Relations of the United States 1969–1976, E-15, part 2, 3. Februar 1973

51 Alexis de Tocqueville, *L'ancien régime et la révolution*, Paris 1856, S. 247

52 Ebd., S. 245–246

53 «Toute ma vie, je me suis fait une certaine idée de la France.»

54 Corinne Lhaïk, «Laïcité, migrants … La longue conversation du président avec les journalistes», *L'Express*, 4. Januar 2018

55 Michel Becquembois, «Macron, une certaine idée de Versailles», *Libération*, 10. Mai 2018

56 Joseph Hanimann, «Wie philosophisch ist Emmanuel Macron?», *Süddeutsche Zeitung*, 1. Februar 2018

57 Pierre Bourdieu, «Die Erfindung des Künstlerlebens», *Trivium — Revue franco-allemande de sciences humaines et sociales*, 22. Dezember 2014, S. 32

58 Gaël Brustier, «Si Emmanuel Macron était un roi de France, ce serait …», *Slate.fr*, 12. Januar 2018

59 Nathalie Segaunes, «Raphaël Llorca: ‹Macron a construit une marque d'une subtilité et d'une puissance inégalées›», *L'Opinion*, 12. April 2021

60 Interview mit *Le Point*, 31. August 2017, Wortlaut in Auszügen veröffentlicht auf *Vie publique*, www.vie-public.fr

61 «Emmanuel Macron: ‹Paradoxalement, ce qui me rend optimiste, c'est que l'histoire en Europe redevient tragique›», *Le Monde*, 27. April 2018

62 Paul Ricœur, «Ideology and Utopia as Cultural Imagination», *Philosophic Exchange*, Vol. 7 (1976), S. 23

63 Cioran, *Über Frankreich*, S. 44

64 Thomas Wieder, «À la recherche l'insaisissable macronisme», *Le Monde*, 6. September 2020

4. KAPITEL:
MACRONS DRITTER WEG

65   Heinrich Heine, *Lutetia XXXI*, 13. Februar 1841

66   Vernuccio, «Houellebecq»

67   Macron, *Révolution*, S. 38

68   Ebd., S. 15 und S. 13

69   Ebd., S. 9

70   Eurostat, «At-Risk-of-Poverty Rate after social transfers, persons aged 18 and over, 2018 (%)», https://ec.europa.eu/eurostat/statistics-explained/index.php

71   Ingrid Feuerstein, «Le coût du travail au niveau du SMIC est redevenu compétitif», *Les Echos*, 3. Oktober 2018

72   «Steinbrück will mit 25 Prozent einsteigen», *Handelsblatt*, 16. September 2006

73   Elke Asen, «Corporate Tax Rates Around the World, 2020», Tax Foundation, 6. Dezember 2020, https://taxfoundation.org/publications/corporate-tax-rates-around-the-world/

74   Guillaume Ermer, «Quels effets a eu la suppression de l'ISF?», *France culture*, 12. Oktober 2020

75   «Investissements étrangers: la France première en Europe en 2019 se prépare au pire», *La Tribune*, 29. Mai 2020

76   Georg Blume, *Der Frankreich-Blues*, Hamburg 2017, S. 209

77   Eurostat, «At-Risk-of-Poverty Rate»

78   Agence France-Presse, «Budget: Le minimum vieillesse va être revalorisé», *La Voix du Nord*, 20. September 2017

79   Luc Lenoir, «Carburants: les taxes ne sont presque pas affectées à la transition énergétique», *Le Figaro*, 6. November 2018

80   Guillaume Guichard, «La flat tax sur les revenus financiers a débloqué les dividendes», *Le Figaro*, 19. März 2019

81   Michael Bloch, «À l'Élysée, Emmanuel Macron tente l'explication de texte sur les ‹premiers de cordée›», *Journal du Dimanche*, 18. Juli 2018

82   «‹Je ne suis pas un héritier›: Emmanuel Macron est interpellé sur son passé de banquier d'affaires chez Rothschild», *franceinfo*, 21. Januar 2019

83   Macron, *Révolution*, S. 19

84   Julien Damon, «[Data] Inequalities: France Is Doing Better Than Most OECD Countries», Blog des Institut Montaigne, 1. August 2019

85   France Stratégie, «Social mobility in France: what do we really know?», 28. September 2020

86   Eurostat, «At-Risk-of-Poverty Rate»

87   Organisation for Economic Co-operation and Development (OECD), «A Broken Social Elevator? How to promote social mobility», 15. Juni 2018

88   «Pour Macron, les aides sociales coûtent un ‹pognon de dingue› sans résoudre la pauvreté», *Le Monde*, 13. Juni 2018

89 Dave Hill, «The Third Way and education: New Labour, the dominance of neo-liberal global capital in European education policies, and the growth of inequality», Paper presented at the European Conference on Educational Research, University of Lisbon, 11–14 September 2001, http://www.leeds.ac.uk/educol/documents/00002196.htm

90 Arnaud Bélier, «L'Éducation nationale annonce un recrutement de professeurs ‹sans précédent› en primaire», *Ouest-France*, 16. Dezember 2020

91 Olivier Beaumont, Thomas Poupeau, Pauline Théveniad, «Jean-Michel Blanquer: ‹On ne peut fermer l'école que lorsque l'on a tout essayé›», *Le Parisien*, 13. März 2021

92 *L'Opinion*, «Pas de nouveau reconfinement d'ici la fin juin, pense Macron», 7. April 2021

93 «Hommage au peintre Gustave Courbet pour le bicentenaire de sa naissance», *Le Monde*, 10. Juni 2019

94 Daniel Binswanger, «Gegen die Meritokratie», *Republik*, 6. Februar 2021

95 Brice Couturier, «Contre la méritocratie», *France culture*, 16. Mai 2017

96 Adrien Naselli, «Didier Eribon: ‹Les grandes écoles ne sont pas un système scolaire, mais un système social›», *Le Monde*, 5. Januar 2019

97 Florent Latrive, «Age, diplôme, revenus … qui a voté Macron? Qui a voté Le Pen?», *France culture*, 7. Mai 2017

98 Statista Research Department, «Size of the urban and rural populations of France from 2000 to 2019», 12. Mai 2020, https://www.statista.com/statistics/984665/urban-and-rural-population-france/

99 Agence France-Presse: «‹Gilets jaunes›: 11 morts, des récupérations et beaucoup d'incompréhension», *Le Point*, 16. Mai 2019

100 Matthieu Balu, «Gilets jaunes: le chiffres faramineux d'un mouvement historique», *HuffPost.fr*, 15. November 2019

101 Michaela Wiegel, *Emmanuel Macron*, Frankfurt am Main 2018, S. 24

102 Aude Lorriaux, «Ce que révèlent les sondages sur l'identité des ‹gilets jaunes›», *Slate.fr*, 4. Dezember 2018

103 Guy Burgel, «Les fins de mois difficile savant la fin du monde», *Libération*, 27. November 2018

104 «Le mouvement de ‹gilets jaunes› reste approuvé par 55% des Français», Elabe, 12. November 2019

105 Le grand débat national, https://granddebat.fr

106 Jacques Julliard, *Le Malheur français*, Paris 2006, S. 49

107 «Un an des ‹Gilets Jaunes›: ces mesures économiques prises pour répondre à la colère», *Le Figaro*, 16. November 2019

108 OECD Data, «Hours Worked», https://data.oecd.org/emp/hours-worked.htm

109 Alexandre Lemarie, «La défiscalisation des heures supplémentaires sera supprimée dés cet été», *Le Monde*, 12. Juli 2012

110 Benoît Floc'h, «Emmanuel Macron veut faire émerger de nouveaux ‹talents› dans la haute fonction publique», *Le Monde*, 10. Februar 2021

111 Frank Specht, «Kurzarbeiter in Deutschland stehen im internationalen Vergleich relativ gut da», *Handelsblatt*, 19. Mai 2020

112 «Coronavirus: how have different countries supported workers through the crisis?», Institute for Government, 2020, https://www.instituteforgovernment.org.uk/corona-virus-support-workers-comparison

113 «Coronavirus: Emmanuel Macron se targue d'avoir ‹nationalisé le paiement des salaires›», *Europe1*, 15. April 2020

114 Clarisse Martin, «7 Français sur 10 approuvent les nouvelles restrictions, mais 1 sur 2 compte passer outre», BFMTV, 22. April 2021

115 World Bank, «Industry (including construction), value added (% of GDP) — Germany, France», https://data.worldbank.org/indicator/NV.IND.TOTL.ZS?na-me_desc=false&locations=DE-FR

116 Nabil Wakim, «La France engage la fermeture de ses quatre centrales à charbon», *Le Monde*, 18. Januar 2020

117 Sophie Pedder, «Emmanuel Macron is neither Margaret Thatcher nor Tony Blair», *Financial Times*, 8. Juni 2018

118 Ebd.

119 «Bruno Le Maire s'oppose au rapprochement entre Carrefour et Couche-Tard», *Capital*, 13. Januar 2021

120 Georg Blume, «Dann halt wie Napoleon», DIE ZEIT 14/2018, 27. März 2018

121 Mathieu Lehot, «Quand Macron invite Houellebecq à boire le café», *Le Point*, 22. Juni 2016

122 «Agenda de Davos: Intervention du Président», 26. Januar 2021, https://www.you-tube.com/watch?v=mGHt1N0MYGA

123 Sciences Po CEVIPOF, «En qu(o)i les Français ont-ils confiance aujourd'hui?», Feb-ruar 2021, https://www.institutmontaigne.org/ressources/pdfs/sondage-la-confiance-des-francais-lepreuve-de-la-crise-fevrier-2021.pdf

124 Macron, *Révolution*, S. 45

125 Bill Leaver, «2020: the year in data», *sifted*, https://sifted.eu/articles/2020-european-tech-data/

126 Lhaïk, «Laïcité, migrants …»

127 «Speech by the French President at the World Economic Forum in Switzerland, on January 24, 2018», Élysée, 24. Januar 2018

128 «Die Macron-Doktrin: Ein Gespräch mit dem französischen Staatspräsidenten», *Le Grand Continent*, 16. November 2020, https://legrandcontinent.eu/de/2020/11/16/macron/

5. KAPITEL:
VOM MARKTEUROPA ZUM MACHTEUROPA

129 Macron, *Révolution*, S. 58

130 «Macron exhorte les citoyens européens à ‹reprendre le contrôle›», *Reuters*, 4. März 2019

131 Blume, *Frankreich-Blues*, S. 210

132 «Rede von Staatspräsident Macron an der Sorbonne: Initiative für Europa», Französische Botschaft Berlin, 26. September 2017

133 «Der nächste Schritt für EUROPA», Jürgen Habermas im Gespräch mit Hubert Christian Ehalt und Claus Reitan, *Die Furche*, 24. Mai 2012

134 Macron, *Révolution*, S. 20

135 Mélanie Faure, «La rencontre entre Brigitte et Emmanuel Macron racontée par leurs proches», *Closer*, 14. Mai 2017

136 «Emmanuel Macron est-il le plus mélomane des présidents de la Ve République?», *france musique*, 11. Mai 2017

137 «Discours du président de la République au Bundestag à Berlin», 18. November 2018, en-marche.fr, https://en-marche.fr/articles/discours/discours-macron-berlin

138 Wiegel, *Macron*, S. 30

139 Yanis Varoufakis, «Macron came to Greece's aid during our crisis. The French left should back him», *The Guardian*, 4. Mai 2017

140 «Interview de M. Jean-Pierre Chevènement … au Journal télévisé de 20 heures le 21 mai 2005, sur ses arguments en faveur du ‹non› aux referendum sur la Constitution européenne», vie-public.fr

141 «Erstes Manifest gegen den Vertrag von Maastricht; Initiatoren: Renate Ohr und Wolf Schäfer», *Frankfurter Allgemeine Zeitung*, 11. Juni 1992

142 «Emmanuel Macron in his own words: The President's interview with *The Economist*», 21. Oktober 2019, https://www.economist.com/europe/2019/11/07/emmanuel-macron-in-his-own-words-french

143 Jacques Pezet, «La photo de Macron sur l'affiche de LREM pour les Européennes a-t-elle été faite par la photographe de l'Élysée?», *Libération*, 16. Mai 2019

144 Jacques Derrida und Jürgen Habermas, «Nach dem Krieg: Die Wiedergeburt Europas», *Frankfurter Allgemeine Zeitung*, 31. Mai 2003

145 «Die Macron-Doktrin»

146 Emmanuel Macron, Rede auf der Botschafterkonferenz 2018, 27. August 2018

147 Emmanuel Macron, Rede an der Humboldt-Universität, 10. Januar 2017, https://www.rewi.hu-berlin.de/de/lf/oe/whi/FCE/2017/rede-macron

148 Vertrauliche Unterhaltung mit dem Autor

149 «Emmanuel Macron warns Europe: NATO is becoming brain-dead», *The Economist*, 11. Juli 2019

150 Zachary Basu, «Trump on potential ISIS escapees: ‹They will be escaping to Europe›», *Axios*, 9. Oktober 2019

151 «Entretien avec Michel Droit, deuxième Partie», Charles de Gaulle paroles publique, 14. Dezember 1965, https://fresques.ina.fr/de-gaulle/fiche-media/Gaulle00111/entretien-avec-michel-droit-deuxieme-partie.html

152 Reuters, «Un sous-marin nucléaire français a patrouillé en mer de Chine méridionale», *La Tribune*, 9. Februar 2021

153 Andrew Korybko, «French military has no place in the South China Sea», *China Daily*, 22. Februar 2021

154 Jeffrey Lewis und Bruno Tertrais, «Beyond the Red Line: The United States, France, and Chemical Weapons in the Syrian War, 2013–2018», France stratégie, recherches & documents 06/2018, April 2018

155 «Discours du Président Emmanuel Macron sur la stratégie de défense et de dissuasion devant les stagiaires de la 27ème promotion de l'école de guerre», Élysée, 7. Februar 2020

156 Isabelle Lasserre, «Emmanuel Macron au Figaro: ‹L'Europe n'est pas un supermarché›», *Le Figaro*, 21. Juni 2017

157 Wolfgang Schäuble, Karl Lamers, «Überlegungen zur europäischen Politik», 1. September 1994, https://www.bundesfinanzministerium.de/Content/DE/Downloads/schaeuble-lamers-papier-1994.pdf

158 Deutsche Presse-Agentur, «Angela Merkel lehnt Kerneuropa als Ausweg ab», *Die Welt*, 19. Juni 2008

159 Annegret Kramp-Karrenbauer, «Faisons l'Europe comme il faut», *Le Figaro*, 10. März 2019

160 Heinrich Heine, *Lutetia XXXI*

161 «Die Macron-Doktrin»

162 Wiegel, *Macron*, S. 30

163 «EXCLUSIF. Identité, crise sanitaire, complotisme … Macron, l'entretien confession», *L'Express*, 7. Juni 2019

164 Luigi Guiso, Paola Sapienza, Luigi Zingales, «Monnet's Error?», London School of Economics «Europe in Question» Discussion Paper Series, Nr. 83/2014

165 «Déclaration de M. Emmanuel Macron, président de la République, sur la lutte contre l'épidémie de COViD-19», *Vie publique*, 12. März 2020

166 «Pressekonferenz von Bundeskanzlerin Merkel, Bundesgesundheitsminister Spahn und RKI-Chef Wieler» (im Wortlaut), 11. März 2020

167 «Regierungserklärung von Bundeskanzlerin Merkel» im Deutschen Bundestag, 18. Juni 2020

6. KAPITEL:
SCHICKSALSWAHL 2022

168 Geoffroy Clavel, Roman Herreros, «Ce qu'Emmanuel Macron dit dans ‹Valeurs Actuelles›», *HuffPost.fr*, 30. Oktober 2019

169 Françoise Fressoz, Cédric Pietralunga, «Après le deconfinement, l'Élysée craint un vent de révolte: ‹Il ne faut pas perdre la jeunesse›», *Le Monde*, 10. Juni 2020

170 Pascal Ceaux, Marie Quenet, Christine Ollivier, «Vidal persiste sur l'islamo-gauchisme: ‹Je veux une approche rationnelle et scientifique du sujet›», *Le Journal du Dimanche*, 20. Februar 2021

171 Frédéric Bianchi, «Les rayons halal qui participant au communautarisme? Ce qu'en pense la grande distribution», BFMTV, 21. Oktober 2020

172 Olivier Faye, «À l'Élysée, Emmanuel Macron célèbre le ‹romantique› Michel Houellebecq», *Le Monde*, 19. April 2019

173 «En qu(o)i les Français ont-ils confiance aujourd'hui?», Sciences Po CEVIPOF

174 Ifop, «Les Français et la notion d'islamo-gauchisme», Februar 2021

175 Roger Cohen, «Macron en équilibriste dans une France en crise, sa réélection en linge de mire», *New York Times*, 9. März 2021

176 Léa Polverini, «Pour obtenir des réponses, les musulmans doivent envoyer 1,6 fois plus de candidatures d'emploi que les chrétiens», *Slate.fr*, 6. April 2018

177 Roger Cohen, «Eyeing Re-election, Macron Walks a Tightrope Above Swirling Crises in France», *New York Times*, 5. März 2021

178 Nathalie Segaunes, «Islamo-gauchisme: Macron dans le piège du ‹en même temps›», *L'Opinion*, 23. Februar 2021

179 Marie-Amélie Lombard-Latune, «Minorité, racialisation, #MeToo, laïcité, César, gauche identitaire …: le face-à-face Caroline Fourest-Mathieu Bock-Côté», *L'Opinion*, 9. März 2020

180 Cécile Chambraud, «Attentat de Conflans: Abdelhakim Sefrioui, ‹un vieux routard de l'islamisme› connu de renseignements», *Le Monde*, 19. Oktober 2020

181 Daniel Binswanger, «Es gibt zu wenig Religion», Interview mit Olivier Roy, *Republik*, 17. November 2020

182 Bellow, «My Paris»

183 «La République en actes: discours du Président de la République sur le thème de la lutte contre les séparatismes», Élysée, 2. Oktober 2020

184 Geoffory Clavel, Romain Herreros, «Ce qu'Emmanuel Macron dit dans ‹Valeurs Actuelles›», *HuffPost.fr*, 30. Oktober 2019

185 Amin Maalouf, *Les Identités meurtrières*, Paris 1998, S. 154

186 Binswanger, «Es gibt zu wenig Religion»

187 Jean-Luc Mélenchon, «Contre les statistiques ethniques: un trés bon point pour Ségolène Royal», Le Blog des Jean-Luc Mélenchon, 24. Februar 2007

188 Agence France-Presse, «UNEF: Anne Hidalgo juge ‹très dangereuses› les réunions en ‹non-mixité›», BFMTV, 21. März 2021

189 Agence France-Presse, «French Socialist reignites row over ‹non-white› meetings», *France24*, 28. März 2021

190 Ifop, «Le tableau de bord politique», April 2021

191 Fressoz, Pietralunga, «Après le déconfinement»

192 «Adresse aux Français», Élysée, 14. Juni 2020

193 Fressoz, Pietralunga, «Après le déconfinement»

194 Roger Cohen, «In Reconciliation Act, Macron Acknowledges Algerian Lawyer's Death», *New York Times*, 4. März 2021

195 Lemonnier, «Le macronisme vous hérisse?»

196 «Identité, crise sanitaire, complotisme … Macron, l'entretien confession», *L'Express*, 22. Dezember 2020

197 Abel Mestre, Sylvia Zappi, «Cécile Duflot: ‹Une victoire de Marine Le Pen est comme un impensé dans la tête des dirigeants de gauche›», *Le Monde*, 10. Februar 2021

198 Marine Le Pen, «‹Ayons des idées claires et du bon sens sur la dette›. La tribune de Marine Le Pen», *L'Opinion*, 21. Februar 2021

199 Ifop, «Pronostics et souhaits des Français pour le 2nd tour de l'élection présidentielle de 2022», Februar 2021

200 Ludovic Vigogne, «Présidentielle: Macron dans le miroir de Sarkozy», *L'Opinion*, 16. März 2021

201 Wieder, «À la recherche de l'insaisissable macronisme»

202 Ifop/Fudicial, «Le tableau de bord des personnalités», Juni 2021

203 Cioran, *Über Frankreich*, S. 72

204 David Bell, *Men on Horseback: The Power of Charisma in the Age of Revolution*, New York 2020, S. 130

SUSAN B. GLASSER

BRIEFE AUS TRUMPS WASHINGTON

Tweets, Lügen, Egomanie: Einen US-Präsidenten wie Donald Trump hat
Amerika noch nie erlebt. In ihren BRIEFEN AUS TRUMPS WASHING-
TON, die Susan B. Glasser regelmäßig für *The New Yorker* schreibt, bietet
die Journalistin Einblicke in die «post-faktische» Trump-Präsidentschaft.
Detailliert und mit großem Insider-Wissen beschreibt sie Trumps immer
radikaleren, Gesetze brechenden und letztlich widersinnigen Kurs, der
die Spaltung der US-Gesellschaft vertieft und zur Erosion der amerikanischen Vormachtstellung in der Welt führt.

*«Das Buch handelt von der Auflösung amerikanischer Politik in Inkompe-
tenz und Chaos ... Was sich hinter den Kulissen abspielt, schildert Glasser
als neutrale Beobachterin — was ihre Erkenntnisse umso schlimmer
macht.»* Franziska Augstein, Süddeutsche Zeitung

*«Herausragend ... [Das Buch] vermittelt eine eindringliche persönliche
Sicht auf die Krise des Landes.»* Michael Kluger, Neue Frankfurter Presse

*«Über das Phänomen versuche ich seit der Amtsübernahme Trumps zu
schreiben: Wie schockierend seine Präsidentschaft verläuft — aber wie
wenig überraschend diese Tatsache ist. Es ist die große Story unserer Zeit.»*
Susan B. Glasser im Interview mit Dirk Peitz, ZEIT ONLINE

WELTKIOSK
LONDON BERLIN

GIDEON RACHMAN
NULLSUMMENWELT

DAS ENDE DES OPTIMISMUS UND DIE NEUE GLOBALE ORDNUNG

Seit der globalen Finanzkrise von 2008 ist die Welt nicht mehr die alte — eine neue Logik hat sich der internationalen Politik bemächtigt. Nullsummendenken dominiert, wonach der Machtzuwachs des einen Staates der Machtverlust des anderen ist. Europa und die Vereinigten Staaten werden immer stärker von China und anderen aufstrebenden Staaten wie Indien oder Brasilien herausgefordert. Internationale Einigungen, sei es beim Klimaschutz oder der Rettung des Euro, werden so immer schwerer. Mit NULLSUMMENWELT legt Gideon Rachman, der außenpolitische Chefkommentator der *Financial Times*, eine brillante Überblicksanalyse jüngster Weltgeschichte vor und zeigt Lösungen auf, wie die neue Logik zu überwinden ist.

«Rachman hat eine packende Analyse geschrieben, keine Frage.»
Bayerischer Rundfunk

«Man wird sich in der Nullsummenwelt einrichten müssen.»
Süddeutsche Zeitung

«Persönliche Eindrücke aus seinem Reporterleben beleben den chronologischen 30-Jahre-Querschnitt. NULLSUMMENWELT ist nicht nur äußerst pointiert und informativ, sondern vor allem bei den Porträts einzelner Politiker sehr unterhaltsam und humorvoll geschrieben.» enorm

WELTKIOSK
LONDON BERLIN

GIDEON RACHMAN
ASIENS STUNDE
KRIEG UND FRIEDEN IM 21. JAHRHUNDERT

In ASIENS STUNDE beschreibt Gideon Rachman den bestimmenden Trend unserer Zeit: Der wachsende Wohlstand asiatischer Nationen verändert die internationale Machtbalance, der Fluss von Wohlstand und Macht dreht sich von West nach Ost. Ein aufstrebendes China fordert die amerikanische Vormachtstellung heraus. Aber auch die Ambitionen anderer asiatischer Mächte — darunter Japan, Nordkorea, Indien und Pakistan — haben das Potenzial, die ganze Welt zu erschüttern. Rachman bietet eine Roadmap für den turbulenten Prozess, der die internationale Politik im 21. Jahrhundert bestimmen wird.

«Nicht nur für jene Deutschen, die glauben, die größte Herausforderung ginge vom Islam aus. Für die aber ganz besonders.»
Claudius Seidl, Frankfurter Allgemeine Sonntagszeitung

«Der studierte Historiker beschreibt in seinem dichten und dennoch über-sichtlichen Werk mit einem beeindruckenden Blick für Schlüsselereignisse die Beziehungen der internationalen Mächte. ... Das Buch kommt zur rechten Zeit: Man muss den wachsenden Einfluss insbesondere der Chi-nesen ernst nehmen.» Dana Heide, Handelsblatt

WELTKIOSK
LONDON BERLIN

LUKE HARDING & DAVID LEIGH
WIKILEAKS
JULIAN ASSANGES KRIEG GEGEN GEHEIMHALTUNG

Es war das bis dahin größte Geheimnisleck der Geschichte: Am 28. November 2010 begann die Enthüllungsplattform WIKILEAKS — in Zusammenarbeit mit der britischen Tageszeitung *The Guardian*, der *New York Times*, Frankreichs *Le Monde*, *El País* aus Spanien und dem deutschen Nachrichtenmagazin DER SPIEGEL —, eine Viertelmillion geheimer Depeschen amerikanischer Botschaften und des US-Außenministeriums zu veröffentlichen. Die größten Mächte der Welt, allen voran die Vereinigten Staaten, waren außer sich. Hinter all dem stand ein Mann, der Australier Julian Assange: Internetmessias oder Cyberterrorist? Kämpfer für die Informationsfreiheit oder Sexualverbrecher? Die globale Debatte über WIKILEAKS und Assange hält bis heute an. Luke Harding und David Leigh waren von Anfang an in die Saga involviert. Assange versteckte sich zeitweise sogar vor der CIA in Leighs Londoner Wohnung. Ihre gründlich recherchierte Schilderung ist die bislang beste Darstellung dieses Schlüsselereignisses des Internetzeitalters — und Vorlage für den Dreamworks-Film *Inside WikiLeaks: Die fünfte Gewalt* mit Benedict Cumberbatch und Daniel Brühl in den Hauptrollen.

«[Das Buch verführt] wegen der Eskapaden von Julian Assange zu einer halb vergnügten, halb melancholischen Lektüre.»
Frankfurter Allgemeine Zeitung

«Hochaktuell und mitreißend geschrieben.» Bücher-Magazin

WELTKIOSK
LONDON BERLIN

LUKE HARDING
EDWARD SNOWDEN
GESCHICHTE EINER WELTAFFÄRE

Alles begann mit einer E-Mail: «Ich bin ein hochrangiger Geheimdienst-
mitarbeiter ...» Was folgte, war die spektakulärste Enthüllung von
Staatsgeheimnissen der Geschichte. Edward Snowden, ein junges Com-
putergenie, das für die amerikanische National Security Agency (NSA) arbeitete, alarmierte die Weltöffentlichkeit, dass der mächtige Geheimdienst
neue Technologien nutzt, um praktisch den ganzen Planeten zu überwa-
chen und die Privatsphäre eines jeden zu zerstören. EDWARD SNOWDEN
ist die erste umfassende Schilderung der Taten Snowdens — und der Journalisten, die dem Druck der amerikanischen und der britischen Regierung
widerstanden und die größenwahnsinnigen Überwachungsaktivitäten
der NSA und ihres britischen Gegenstücks Government Communications
Headquarters (GCHQ) ans Licht brachten. Snowdens Flucht führte ihn
von Hawaii nach Hongkong und schließlich zur vorläufigen Endstation
Moskau. Was veranlasste Snowden, alles zu riskieren? Der *Guardian*-Jour-
nalist Luke Harding gibt in seinem Buch beunruhigende Antworten —
verfilmt von Oliver Stone.

«*Eine Rekonstruktion mit erstaunlicher Detailtiefe. ... Harding kreiert das
glaubhaft wirkende Bild einer unglaublichen Geschichte.*»
Neue Zürcher Zeitung

«*Die Story Snowdens erzählt Harding als einen Strang in den großen Linien
der Weltpolitik. Er schildert die Systeme der Überwachung — auch solche
des Journalismus.*» die tageszeitung (taz)

WELTKIOSK
LONDON BERLIN